Guerre et paix entre les monnaies

Jacques Mistral

货币的战争与和平

[法] 雅克·米斯特拉尔 著

王晶 译

华东师范大学出版社

华东师范大学出版社六点分社 策划

Le traducteur a bénéficié, pour cet ouvrage, du soutien du Centre national du livre

本书译者翻译此书得到法国国家图书中心的资助

致西梅翁和爱莉萨：
愿二十一世纪是地球村的世纪

目　录

第三篇　全球治理与国际货币

序

　　雅克·米斯特拉尔教授是我在今年夏天国际会议上结识的朋友。他是法国一位赫赫有名的经济学家。与其他经济学家的不同之处在于，他既是国际知名大学的教授，又是法国政府的经济和金融顾问。他著作颇丰，所著的《美国的第三次革命》曾获得法国2008年最佳经济学图书奖。米斯特拉尔教授在1988年至1991年担任法国总理米歇尔·罗卡尔(Michel Rocard)的经济顾问，在2000年至2002年担任法国经济、财政和工业部长洛朗·法比尤斯(Laurent Fabius)的特别顾问。他既有经济学家扎实的学术功底，又有政治家的远见。这就使他所撰写的这本书有很强的可读性，并且能够给你一些新的启示。

　　米歇尔·罗卡尔总理是上世纪80年代初密特朗总统当政时内阁的一位重要部长。1988年至1991年担任过法国的总理。此人被认为是法国社会党的元老。2007年下半年，我去法国开会，与他长谈了一次，他当时就对我说："吴大使，世界经济特别是美国和欧洲的经济情况不妙，正在孕育着一场类似1929年的大危机。"罗卡尔这番话给我留下了深刻的印象。他这个看法是与众不同的。当时美国也好，欧洲也好，对经济的肯定之声不绝于耳，而罗卡尔却能在 2008 年金融危机大爆发之前一年预见到危机。米斯特拉尔曾担任过罗卡尔的顾问，后来和罗卡尔接触也很多，我相信罗卡尔这个看法与米斯特拉尔不无关系。

本书最重要的三个观点是：

一、当今的国际货币体系运行不畅，美国、欧洲和中国都面临着严峻的内部挑战。巨额的国际收支盈余和赤字、过高的负债水平威胁着国际经济，未来十年有可能发生实实在在的经济和货币冲突。本书的序幕以经济幻想的形式预言了 2029 年的悲剧。

二、虽然目前的国际货币体系勉强扛住了近年的金融危机，但我们不能墨守成规，必须实行改革，继续 G20 集团开辟的道路，围绕国际货币基金组织进一步实现更加平衡的国际合作。每个国家都有相应的地位和责任。

三、米斯特拉尔教授提出的改革建议是发挥特别提款权的重要作用。国际货币的治理将围绕这个货币工具进行，从它的发行到运用，及其在国际经济关系监管中扮演的角色。

在经济金融领域，我们翻译了大量的美国经济学家和企业家的著作。我们对于美国在这方面的观点了解较多。相形之下，我们对其他国家，特别是法国经济学家的观点了解较少。这本译作《货币的战争与和平》在中国问世，能帮助我们更好地了解他们的观点。中国古语说："兼听则明，偏信则暗。"我相信，中国关心国际经济和货币问题的读者一定可以从米斯特拉尔教授这本著作中获取有益的营养和启示。

吴建民

2015 年秋于北京

序幕：2029 年的世界

　　《第二次全球化的终结——大萧条再次来袭,我们为何重蹈覆辙?》将于 2030 年 1 月正式出版。以下内容摘自该书的样稿。往事历历在目,2008 年贝尔斯登,尤其是雷曼兄弟两大投行的倒闭触发了全球金融危机。危机的蔓延时断时续,也穿插着乐观的片段。在该书出版之际我们才醒悟,2008 年危机后的二十年(即 1929 年后一个世纪)酿成了和二十世纪三十年代同样深重的灾难。读者回想起事情的前因后果,必定痛彻心扉,因为事态的发展绝非宿命:走向深渊的每一步都是政策选择的结果,或者更恰当地说,往往是缺乏正确选择的结果。

　　全球金融危机爆发六年后,2014 年承载着走出危机的希望。美国经济复苏的稳定性在 2013 年成为了争论的焦点。持悲观态度的不在少数,包括国际货币基金组织(IMF);但当时的美联储主席本·伯南克(Ben Bernanke)宣称随着美国经济的复苏,美联储将逐步削减购债规模,此举震惊了金融市场。实际上,削减购债计划(又被称为 tapering 政策)的巧妙运用既没有引起某些人所担心的债券市场的崩盘,也没有导致长期利率的暴涨。如此这般,传统货币政策顺利回归,美国经济失而复得的活力得以巩固,它来源于廉价的能源和竞争力的恢复。新的世贸中心矗立在 2001 年被摧毁的双子塔的遗址之上,奥巴马(Obama)总统正式出席 911 纪念馆揭幕仪式。美国重拾信心,而且和以往一样感染了全世界。股市上涨,金价下跌。非常规油气资源的开发前景喜人,能源价格下跌(美国不再是独享者),购买力轻微提升。美国对货币的良好管理在欧洲也产生了积极的影响,南欧国家支付的利率有所下降。德国大选之后,希腊和葡萄牙债务的再次延期让这两个国家有了一丝喘息的机会。正如 2013 年 7 月奥朗德(François Hollande)总统大胆所言,经过几年的衰退甚至萧条,我们已经看到了稍许复苏的迹象。2014 年 5 月的欧洲议会选举遏制了反欧盟势力的扩张,印证了几个月前民意调查的结论:欧洲人民与欧元难舍难分。欧元在汇率市场上缓慢走高;当 1 欧元兑换 1.45 美元时,法国工业部长一定会说"这样会连累法国产业的复兴",他的声音反映了一种法国例外主义,但对欧洲而言,已经不是抱怨的时候了。不久之后,在米兰举行了盛大的 2015 年世界博览会;它的主题是什么呢?"欧洲归来"。世博会取得了圆满成功。至于中国,人们曾担心它会进入一个增长减速期。事实上,新领导班子的权力逐渐稳固,起初迷茫的改革方向也逐步清晰;稍有起色的世界经济刺激了中国出口的增长,有利于中国逐步推进内需增长型改革。总之,经济增长和国际贸易的良性循环似乎已经重新启动。在这样的国际形势下,2014 年的 G20 峰会在澳大利亚举行,它在新的国际合作颂歌中闭幕。本·伯南克荣获 2015 年诺贝尔经济学奖,国际货币基金组织在 2016 年春的预测中沾沾自喜,普天同庆"非常规"经济政策的成功运用让世界躲过了两战之间的悲剧。可意想不到的是,货币的乌云正在慢慢地堆积。

　　回首往事,我们不禁自问,这些年来是否出现过全球性的自体中毒现象。纪念第一次世界大战爆发一百周年的活动或许催生了自毒效应,因为一战曾悲剧性地标志着第一次全球化的瓦解。2014 年 8 月,全球再次敲响"以此为鉴"的警钟;我们相信一旦走出危机,问题就能迎刃而解。如此的以史为鉴也夹杂着对当前政策选择的自以为是。当美联储在 2010 年启动"量化宽松"政策时,新兴国家的部长官员们纷纷谴责最发达国家挑起了"货币战争",这是对合作伙伴利益最彻底的不屑一顾。三年后,在量化宽松政策即将退出、巨额资本流入新兴国家的时代即将终结的时候,新兴国家又提出抗议,表示如果货币战争真的存在,没有人清楚前线在哪里,谁在冲锋,谁在防御。2013 年初,日本新政府启动了通过日元贬值拯救经济的政策。"货币战争"又立即在韩国打响,受直接影响的韩国也希望让韩元贬值。国际货币基金组织忘记了自己的本分,倒指望通过日本走出通货紧缩来平息这场战争。2014 年,白宫为了巩固经济复苏,逐渐放弃了罗纳德·里根(Ronald Reagan)奉行的货币政策——"坚挺美元符合美国利益";从未有人真正理解坚挺美元的含义(因为无论 1 美元折合 1.6 欧元还是 0.85 欧元,这个口号从未间断!),这无非就是一个虔诚的说法,一种祈祷货币和平(即汇率稳定)的仪式。

　　2015 年 9 月,在杰克逊·霍尔全球央行年会上,我们感觉到风向转变。继本·伯南克之后的美联储主席珍妮特·耶伦(Janet Yellen)宣称"美元应当为美国经济服务",表面上看理所当然,实际上是观念的转变。大家都明白这一次真的是"狼来了":美国将通过美元贬值来刺激出口,第二天欧元兑换美元的汇率就超过了1.5。G20 会议成为一种仪式;会议日程和公报的内容更加广泛——网络安全、中东移民的援助计划、禽流感的防疫方案、航空碳税的推广……尽管这些技术决策还算受欢迎,但是国际合作停滞不前,国际环境再次因经济和金融问题被毒气笼罩。

2013年10月,美国的预算问题第二次在国会挑起戏剧性动作,首先是"政府临时关门",如果债务上限没有上调,后果则严重得多——国库见底,政府违约。美国国会被这些既无目标也无结果的指手画脚累得筋疲力尽,于是将决定性的选择推迟到下一届总统竞选之后,结束了这场权力的较量。好处是问题进入了缓冲期,三年内不会再被关注;弊端是问题只是被暂时搁置,并没有得到解决。2016年11月大选之后,美国比从前更难管理:政治两极分化严重;亲茶党的保罗·瑞恩(Paul Ryan)登上了白宫的宝座,他曾经是罗姆尼(Mitt Romney)的副总统人选;共和党保留众议院的权力而民主党只能勉强掌控参议院。敌对的气氛前所未有,政府终于在2017年春关门(持续了几个月),美国经济混乱,信心受挫,引起了中国(美国最大的债权国)的震惊和担忧。那时中国的国民生产总值刚刚超过美国,中国不负众望,成为"世界第一"。这是伟大的成就,但它只是经济总量的反映:美国的生产率仍然是中国的五倍。尽管如此,总部刚刚搬到香港的《金融时报》为"中国夺冠"欢呼喝彩,大力宣传这是"红色回归"的世纪,红色钞票(人民币一百元)即将取代"绿色钞票"成为世界货币。美国债券的长期利率不断攀升,经济持续复苏的希望被扼杀在摇篮里。美联储再次告急,重新启动国库的货币融资政策,但这一次的气候却毒霾重重。汇率市场上美元已经失宠。欧元还能坚持吗?答案是否定的,牌局已经洗过,倍受青睐的是黄金、瑞士法郎、加元、澳元、巴西雷亚尔,甚至是卢布或者南非兰特。

原因是欧洲没有出现转机。令人宽慰的是欧元逃过了一劫,但作为货币欧洲基石的"四个联盟"①却举步维艰，尽管银行联盟开了一个好头。"不增加就业的复苏"无法如人所愿地给劳动力市场带来福音。年轻人的失业率居高不下，中产阶级生活窘迫，老年人忧心忡忡，无奈的民众寄希望于接连不断的选举，期待政府能有更加大胆的举措，可结局往往是让极端主义政党有机可趁。不得不说的是贝佩·格里洛（Peppe Grillo），他和他的朋友们让意大利更难治理。荷兰、奥地利和法国少数极右翼势力上升，他们引导传统的右翼政党走向民族主义的道路；"另寻出路，离开欧元"或者"退出欧元，奥地利的另一种选择"之类的口号尽管不占多数，却势头强劲。英国工党在选举中大获全胜，主张退出欧盟的独立党发展壮大，它压制了保守党，对欧盟和欧元持高度怀疑的态度。欧元再次贬值，失望透顶的德国旧愁未去，又添新忧；诚然，德国从单一货币中受益匪浅，最终它决定冒险对负债国家接二连三地采取援助行动；但负债国也应该证明自己有能力融入单一货币区，但前提是单一货币区必须治理有序……安格拉·默克尔（Angela Merkel）的第三届任期和弗朗索瓦·奥朗德的第一届任期在充满怀疑、火药味和自闭倾向的氛围中落下了帷幕。

中国西部的发展惊人，也令人担忧。2009 年，中国果断判断危机将在经合组织成员国开启一段漫长的金融困难、增长减速的时期，因此中国增长不应该过分依赖出口。可没有想到竟然到了如此程度……显然，这一次全球最强大的国家已经失去了基本的判断力，欧洲人表示无法继续"一体化"道路，尽管他们在十八世纪就成立了"民族国家"。中国人口老龄化严重，如何管理充足的美元和欧元储备成为其内部政策的核心问题。在公众舆论的压力

---

① 指经济、财政、政治和银行四个联盟。（译者注）

下，中国当局只能对西方采取强硬的态度，在金融部长级会议上公开申明需要"更多的勇气和决心"进行必要且刻不容缓的改革，以"保证中国纳税人的储蓄得到妥善的管理"。2018年春，中国正式申请举办一次特别提款权国际研讨会，让这个诞生于上世纪六十年代后来却无人问津的国际货币取代虚弱的美元和欧元。美国参议院财政委员会主席对此不屑一顾："没有人强迫中国购买美国国债，它应该自己解决！"在欧洲，我们寄希望于法国，它不是从1960年代就支持特别提款权吗？但是欧元区财长会议另有所虑："三驾马车"①对西班牙的财政制度做了第七次报告之后，芬兰和荷兰部长代表北欧国家投了反对票，它们的抗议可能阻碍欧洲稳定机制及时筹到援助计划所需的22亿欧元。俄罗斯、印度和巴西眼见中国领导新兴国家，心中难免失落，最终站到了美国的立场："中国大量储备美元，这是它自己的问题。"在这样的国际形势下，国际货币基金组织最擅长的就是纸上谈兵，它发表了一篇报告，重申2011年的观点：为了减轻债务负担，可以"暂时"（？）将通货膨胀率放宽到4％或5％；当然，从中国的角度出发，该观点非常不合适。诸多因素的合力削弱了国际货币基金组织的政治权力：决策机制改革慢如蜗牛，新兴国家大失所望（因为其声音仅与欧洲"小"国持平）。国际货币基金组织多次建议采取"非常规政策"，中国及其他盈余国家终于明白西方决定以隐蔽的方式（通货膨胀）违约，走出债务危机——尽管目前还没有任何迹象表明这个策略存在风险。德国代表团访华庆祝签署重要的双边协议，中德财长的评论高度一致——"通过通货膨胀来摆脱债务危机是最阴险的把戏，它和人民的利益背道而驰。"布雷顿森林机构的影响力下降。"跨大西洋贸

---

①　欧盟委员会、欧洲央行和国际货币基金组织。（译者注）

易与投资伙伴协议"(TTIP)和"跨太平洋伙伴关系协议"(TPA)的谈判虎头蛇尾,世界贸易组织睡意朦胧。有人曾一度相信金砖国家有能力实现它们的抱负,建立新的国际经济秩序。在新德里、德班和南京峰会上,各国代表围绕建立一个能与世界银行抗衡的银行展开了热烈的讨论,但是在资本分配和机构决策上未能达成一致,更不用说行长国籍和总部选址等问题。该计划于 2019 年流产,不要指望金砖国家实施更具野心的计划——推行特别提款权,改革货币体系。如果欧洲能事先解决好自己的货币问题,它倒是可以挑起这一重担,只需要在合作伙伴面前毛遂自荐! 但事与愿违,取代后布雷顿森林货币秩序的想法不了了之。G20 成了唯一的世界经济论坛。2020 年 10 月的伊斯坦布尔会议尤其令人失望。六年前美国货币政策的转变对土耳其产生了深远的影响:和巴西、印度、南非等新兴国家一样,土耳其告别了快速增长的时代。国际气候令人沮丧,博斯普鲁斯会议发表的公报平淡无奇。记者招待会简直就是一场灾难,危机初期所呈现的经济和货币合作的氛围转眼间乌云密布。

2020 年是一个拐点,尤其对中国而言。中国空间站将在这一年投入运转。值此机会,中国载人航天工程办公室主任王文宝发表演说称该项目的成功实施"提升了中国的声望和中国人民的民族自豪感,加强了民族团结"。但是从地缘政治的角度,该事件意义非凡,尤其令美国五角大楼惶恐不安。日益富强的中国经常被西方贴上越来越"狂妄自大"的标签。这一年,钓鱼岛争端再掀波澜。中国一直认为钓鱼岛于 1895 年被日本非法掠夺,二战后被美国错误地归还给日本;钓鱼岛的回归将标志着中国洗雪十九世纪蒙受的"国耻"。这个棘手的问题导致中日两国在 2012 年取消了建交四十周年的庆典。2013 年,奥巴马总统成功地解决了叙利亚问题,他趁势让中日双方坐下来谈判,寻求暂时的解决方案(这些外交成就并没有给他带来国内的政治收益)。八年之后,中日两国的民族主义激情被再次点燃。史书上会这样记载:"钓鱼岛事件"让两国海军交锋,整个太平洋地区动荡不安,彻底击破了一直流行的"二十一世纪属于亚洲"的预言。《金融时报》未来总部的选址一度成为金融晚餐的热门话题。美国的情况更加严重,2022年的中期选举弥漫着逐渐膨胀的反华情绪。二十年来,美国的公众舆论酝酿着两个观点:一是对美国在战略层面世界第一强国地位的动摇感到惶恐不安;二是认为中国的不正当竞争影响了美国的就业。一直蛰伏着孤立主义情绪的美国不会因钓鱼岛事件参与战争。它曾试图缓解冲突,但是面对一个不怎么合作,对美国的朋友抱有"敌对"情绪,并且对美国构成"威胁"的强国,美国将在这次中期选举中表现出更加强硬的态度。中国不仅将美国国债收入囊中,而且还持有更加安全、收益更高的投资,美国对此焦虑不安;2022年9月,纽约同时成交了两个中国主权基金收购:美国通用汽车和洛克菲勒中心。同年秋季,从2012年开始就任的习、李为核心的领导班子结束了十年的任期。前几年萧条的国际环境对领导权的交接施加了压力,代表强硬派的接班人被逐渐推到幕前。他们对占舆论主流的反日反美情绪尤为敏感,互联网和社交网络为这些情绪的表达提供了广阔的空间,带有民族主义情感的候选人掌控着军队,坚决时刻捍卫民族利益。在美国,每天都有国家安全和繁荣受到"威胁"的报道,决心抵抗这股威胁势力的政治家比比皆是。更加强硬的反华经济政策成为这次选举的火车头。在如此紧张的国际形势下,当时的总统保罗·瑞恩因为将一个鼎鼎有名的同性恋法学家任命为最高法院大法官而被狂热者刺杀,接班人杰夫·布什(Jeff Bush)应该在2023年1月发表期待已久的国情咨文。

他没有让听众失望,声色俱厉地揭露中国已经秘密地进行了多年的网络攻击活动("我们有证据",他随手拿起一个东西说道)。继俄罗斯热核威胁之后,美国再次胆战心惊:一场真正的网络战争!美国相信中国完全有能力直接攻击关系美国命脉的经济和军事机构。热血沸腾的美国民众迫使国会在 2023 年春通过了著名的阿马什-科鲁兹法案(Amash 和 Cruz 分别为美国茶党代表和参议员的名字),不幸的是阿马什和科鲁兹在历史上被认为是又一个"斯姆特(Smoot)和霍利(Hawley)①"。

　　同一年的欧洲,希腊再次遭受政治危机,政府由专家组暂时接管。希腊面临第五次债务延期计划;许多专家继续建议希腊离开欧元区,正如十五年来一贯坚持的那样,我们称之为"希腊退出"。在新一轮选举中,宣扬法西斯主义的"金色黎明党"胜券在握,它得到了大多数希腊人民的支持。希腊陷入了混乱,社会政治矛盾不断深化,军方政权的回归近在咫尺。希腊政府终于在 2023 年 10 月 28 日决定放弃单一货币。对于这个决定,所有的金融机构早就未雨绸缪,因此它仅对欧洲稳定机制产生直接影响,这正是该机制成立的初衷。直接的冲击尚可承受,间接的后果却灾难深重。货币的完整性因欧元区的截肢而濒临瓦解,国际金融市场震荡强烈,东京股市跳水 18%,华尔街 24%,欧洲竟超过 30%。金价在 2015 年探底后持续攀升,直至翻番。百姓惊慌失措,在银行取现排起的长队到处可见。在了解事情的来龙去脉之后,人们不禁拿希腊的违约与 1931 年奥地利信贷银行的倒闭进行比较,当时的局势已经无法控制。

　　接下来几乎就是眼前的事了,每个人都记忆犹新,我们简单概

---

① 他们在 1930 年对两万多种美国进口产品提高关税,使经济陷入大萧条。

括如下:欧洲摇摆不定,中国态度强硬,美国忿忿不平。欧洲摇摆不定是因为最糟糕的结局还难以预料,所有关于欧元消失的预言都不攻自破;尽管欧元得以幸存,但在希腊违约之后,它的状况实在堪忧!欧洲在动荡的局势下无力自救,从此一蹶不振。从某种程度上说,它已经向世界请辞,表示自己在二战后成功的经验并不适用于当今混乱的世界。于是,美国和中国就正面交锋了。中国新上任的领导班子面临的是越来越棘手的国内问题和"咄咄逼人"的美国,它宣布从 2025 年 1 月 1 日起,中国将有条件地购买美国国债:一是必须以一揽子货币(包括美元、澳元、加元、欧元、瑞士法郎、日元)标价,二是必须按通货膨胀指数计算——当然现在后悔没能及时地、更慎重地考虑创建特别提款权的提议已经为时太晚。因为中国使用核武器,美国国会积蓄了几个月的反华情绪终于爆发。追根溯源,我们回到华尔街著名经济学家斯蒂芬·罗奇(Steven Roach)在 2011 年债务危机爆发时发表的观点。不久,该观点随着大卫·格雷伯(David Graeber)《债务:首个五千年》的成功吸引了公众的注意。该书戳穿了"明目张胆的谎言"——"从道德层面,我们无论如何应当欠债还钱。"他发起"金融大赦"运动,旨在清除一部分债务。该提议逐渐被美国联邦政府接受,学术界对其优势和弊端进行了周密的论证,但在政策层面并没有实质性的进展,因为该决定需要难以想象的政治勇气。我们忽略了美国第 118 届国会绝望的力量,他们于 2022 年 11 月上台,目标是"反抗中国的挑衅"。往届国会面对违约的风险(提高债务上限的要求被多次拒绝)一直都步步后退。但是自愿的、有组织的违约则另当别论:不是因为不堪重负,而是一个出色的战略手段。它说服了美国人民,就差一个合适的名字了;西德 1948 年的先例让我们想到这个略显平庸的名字——"货币改革"。部分茶党和华盛顿有影响力的智库成员一直在为金本位的回归而斗争。这个问题曾引起过激烈的争论，但是华尔街绞尽脑汁试图远离这个荒唐的想法。货币改革有利于清偿债务，让美国回到正轨，消费者再次借贷，小生意人重新开始投资，联邦政府继续为教育、科研和基础建设等紧急项目融资，也让华尔街恢复活力，繁荣昌盛。国外的美国债权人只能忍气吞声；美国有恃无恐，因为它的经常收支已经基本恢复，不再需要新的资金。货币改革势不可挡，它在 2027 年 1 月 1 日正式启动。外债贬值 25％，转变成收益率为 1％的无期债券；蓝色的债券取代了绿色的钞票——绿钞曾在很长一段时间是美元的象征。尽管蓝券辜负了设计者赋予它的重振经济的希望，但不管怎样，这个日子和英镑贬值的 1931 年一样标志着一个骤变，世界从此彻底自闭、前途未卜、危机四伏；现在奢望货币的和平已经太迟了。

　　回顾最近十五年的点点滴滴只能让人心中涌起一股苦涩的滋味。走向深渊的每一步，没有人在任何时候故意为之。从来没有一个疯狂的独裁者登上演讲台，呼吁人民摧毁全球化，重演两战之间的悲剧。将世界无情地推向苦难深渊的是一连串环环相扣的事件。这不难理解，因为国内的政治束缚和保证国际体系协调的方式之间相互依赖。正如美国人的一句完美概括，"任何政策都是局部的"；的确，在爱荷华州或者肯塔基州，在洛林、巴伐利亚、纳瓦拉，在四川或者广东，无一例外。政府从来不涉及国际问题（尤其是货币领域），除非是民意的表达。首先，世界经济舞台的三个主角出人意料的无能酿成了这场灾难，它们无力战胜各自面临的困难和考验。欧洲无法解决自己的治理问题；中国只能在民族主义的激励下表现失而复得的强大；美国尽管对重振经济信心百倍（美国人总认为自己受上帝的偏爱），却未能走出金融危机。诸多因素让机会连连错过，以致国际气候渐渐恶化，最终阻碍了国际合作的宏伟计划。中国对持有的美元和欧元债券的安全担忧;"非常规"政策产生了反常效应;美国对中国的直接投资和战略方针过于敏感;欧洲对在世界事务中扮演积极角色无能为力(如果欧洲有良好的治理,凭它的经验完全可以胜任);国际货币基金组织的影响力下降,其治理和职能都无法适应新的国际形势。新的政治和军事风险激化的经济冲突层出不穷,破坏了 G20 集团促成的非正式合作。这一切并非不可避免,因为各国的经济利益在最初具有足够的一致性,只要齐心协力,完全可以清除以上事件的地雷。我们本应该配备恰当的制度机制和国际合作工具,建立和维系走出危机的信心,逐一解决难以避免的利益冲突(任何政治社会的本性)。但是,为了达到这样的合作高度,我们必须及时地主动采取措施。这个时期缺少的是凯恩斯。不是根据《就业、利息和货币通论》对国家的财政政策进行革命的凯恩斯,而是在布雷顿森林倡导改革国际货币体系的凯恩斯。

导　言

　　2008 年爆发的危机是发达国家在 1930 年之后经历的最严重的危机。2014 年,也就是六年之后,我们依然不见雨过天晴。世界经济受到重创,但还不至于遭受如 1929—1933 年一般的灭顶之灾。各国政府似乎已经从历史中吸取了教训,国际合作的氛围可以见证。G20 的成立不仅促进了国际合作,还有利于协调各国宏观经济政策、排斥贸易保护主义、复兴国际货币基金组织和重新调整国际金融秩序。因此,2009 年的"大衰退"并没有演变成"大萧条"。扩张性的财政和货币政策被广泛采纳。人们抛弃了传统的金融教义,危机一爆发,各国政府无一例外地认为巨大的预算赤字是世界上最合理的事情,全球央行资产负债表的总规模翻三倍是保证稳定、展望未来的最优政策。这个策略发挥了积极的作用:经济形势好转,逐渐复苏;二战后建立的国际制度和政治大厦得以巩固。但是我们离目标还相差甚远,没有人相信世界经济找到了稳定增长的路径,全球化前途难卜。

　　历史不幸地被总结如下:2008 和 2009 年——美国金融危机时期;2010 和 2011 年——欧洲债务危机时期。在这可怕的四年之后，2012年进入一个缓冲期，我们终于可以期待世界经济的复苏能得以巩固。欧洲的金融市场重归平静，中国的增长速度更具持续性，原材料市场纠正了过度消费，美国经济的复苏再次得到肯定，希望重生。出人意料的是，2013年的春天又把我们卷进了经济波动和金融震荡的新浪潮。这一次是因为各国对经济政策的讨论陷入了困境。所有的政府都觉得调整的空间大大缩水。我们不担心（至少在短期内）通货膨胀；但是就业问题的确是无处不在的幽灵，欧洲自不必说，它在美国，甚至在中国也在兴风作浪。各国政府都在积极寻求新的方案，以回应这一紧迫的社会政治要求。

　　2009年G20伦敦金融峰会上各国政府一致认为有必要实施极端扩张主义的财政政策，但这个决议却迟迟没有落实。美国的民主党和共和党在究竟应该削减开支还是提高税收这个问题上难以达成共识。国会不得不启动自动削减赤字机制，这个盲目的举措影响了经济形势。就连国际金融秩序的捍卫者——国际货币基金组织也判定美国国会启动自动削减机制"速度过快，设计糟糕"，可能会导致增长缩水1.75%。但是，长期赤字也不是办法，国际货币基金组织总裁克里斯蒂娜·拉加德（Christine Lagarde）也重申有必要制定一个回归最优平衡的计划；表面上看，这是人尽皆知的道理，但这却是美国多年来孜孜以求的目标，尽管都以失败告终。德国在十年前就率先采取了财政调整政策，其管理优于其他竞争国；德国从中受益，因而不打算偏离这个为德国立下汗马功劳的路线一丝一毫。德国以外其他国家的财政政策都被不断积累的赤字压得粉身碎骨，被沉重的债务负担压得喘不过气，就连一些利率已降到历史最低的国家（比如法国）也不例外。然而，光靠削减开支也无法达到预期目标；在经济衰退，甚至仅仅是增长减速的形势下，税收缩水，债务占国内生产总值的比例不断攀升。2010年还没有赤字困扰的西班牙却在今天上演了悲剧性的一幕。经济数据惨不忍睹,就连财政教义也被动摇了:罗戈夫(Rogoff)和莱因哈特(Reinhardt)两位经济学家之所以名声大振,是因为他们"证明"了如果债务率的增长超过90%,就会引起经济增长的减速。有人发现这个结论成立与否还取决于统计技术的应用。对该结论的质疑让人们重新审视赤字国家是否"应该"为避免达到警戒线而节省开支。总之,财政教义已经不复存在。

如此一来,拯救危机的重担就逐渐落在了货币政策的肩上,但和财政政策一样,它也有自己的教义。欧洲央行慷慨解囊,对资助各国的银行进行再融资。它宣称已经做好了在二级市场购买政府债券的准备,不过没有人对这一承诺进行监督。在德国央行和德国宪法法院怀疑的目光下,欧洲央行声称自己是实用主义的信徒。美联储更加大胆,它先是拯救了破产的金融行业,又和联邦政府一起通过购买美国国债直接融资;但是我们在近几个月发现美联储对"印钞机"政策的大规模应用感到局促不安,它因为无法收场而痛苦不堪。日本银行在二十年前就宣布对通货紧缩无能为力,它决定增大扩张性政策的规模,让资产负债表再翻一番。世界就这样走过了前所未有的货币宽裕时期,美国和新兴国家的金融市场都最大程度地从中获利;但我们付出了怎样的代价!先是零利率政策,接着是提升投资者风险偏好的货币量化宽松政策。既然次贷最佳时期的游戏规则不是参考宏观经济的"基本指数",而是猜测金融权威机构的决策方向,那么我们来领会一下美联储的公报吧。美联储却在2013年春吹响了哨子,结束了这一局。

实际上,美联储主席本·伯南克在五月就提醒过我们,随着"美国经济的复苏",美联储将缩减购买国债的计划,并在2014年夏停止买进(伯南克在六月再次确认了这一观点):这个决定对金融市场是晴天霹雳，因为它过度地依赖流动性；对美国是晴天霹雳，因为利率的上升将成为新的拖累；对新兴国家是晴天霹雳，因为资本的退潮立即引起了震荡。谁都知道2009年开辟的"量化宽松"时代总有一天会终结；现在这一天到了，由此引发的问题令人担忧：各国央行在短短几年对世界经济注入的十万亿美元难道仅仅是"缓兵之计"吗？

世界经济通过公共债务和央行资产负债表的爆炸人为地走出了金融危机，这种不可持续的方式酿成了当代的悲剧。我们节约了时间，这没什么不好，但是离真相大白的时刻越来越近。在讨论经济政策的时候，我们常常不知所措。一方面，那些宣讲节俭开支的人认为应当相信基本的常识：每个人都知道，如果我们深陷洞底而又想出来，第一反应应该是停止挖洞；关于这个观点有非常出色的分析论证。另一方面，如果盲目地信任一切"非常规政策"，也是需要质疑的，甚至是令人担忧的。难道我们忘记了吗？流动性无节制的增长正是隐藏在我们曾经经历过的金融无序背后的罪魁祸首；它也曾充当过放任危机发展的条件。如果我们继续服用同一种解药，不能迷途知返，（或许）就是在酝酿下一次危机，下一次"大衰退"。下一次还能和2009年一样侥幸控制住危机的发展吗？希望比较渺茫。因此应该寻求一个真正能摆脱危机的策略。本·伯南克或许有理？

毫无疑问，世界经济正处于一个危险的拐点：它一直处于病后的康复期，渐渐进入货币正常化的轨道，但这个轨道本身是有问题的。在这个阶段最坏的结局就是G20伦敦峰会大力提倡的国际经济合作的氛围遭到破坏。近期的经验确实给人一种力不从心的感觉；公共观点出现巨大的分歧，对经济政策的争论无法回应令人绝望的经济前景提出的挑战。欧元区是见证国际合作无力的最典型案例。这形成了一个悖论，因为几十年来欧盟一直是国际合作的典范，但是危机给它的形象蒙上了一层阴影。美国权威调查机构皮尤研究中心（Pew）近期的调查结果显示，对欧洲一体化的支持率在 2009—2013 年期间直线下降，法国的支持率为 21％，意大利 20％，西班牙仅 16％。如果任其发展，我们离欧盟的瓦解也就不远了。当然这不仅限于欧元区，因为国家利益和国际承诺之间的矛盾无处不在。

　　我们生活在一个货币无序的时代，其混乱的国际维度至今还未彰显。金融泡沫、房地产泡沫、主权泡沫接二连三地破灭，这都是货币发行过量、长期无序惹的祸。这一点众所周知，并不神秘。然而，它在国际层面造成的后果却在以隐秘的方式发展。金融市场受到大幅跳水的威胁，相反，国际主要货币之间的汇率却表现出超强的稳定性；幸亏汇率危机没有突然来袭，火上浇油！但是美国的货币政策对新兴国家产生了直接的影响。巴西、中国，还有其他国家的领导人纷纷抨击美联储的量化宽松政策，这是 1930 年以来首次在国际舞台上引入"货币战争"这个概念。国际形势正在慢慢地转变。仅从货币层面来寻求解药已经捉襟见肘，推行全方位的解决方案乃大势所趋。我们时常听到竞争性货币贬值、民族主义和"反全球化"；贸易保护主义蠢蠢欲动，世界贸易组织经常对限制性贸易措施拉响警报，"它与自由贸易政策的比例为三比一"，世贸在上一次报告中强调。说到贸易保护主义，近期最典型的案例无疑是欧洲对中国光伏出口启动反垄断程序，紧接着中国又对法国葡萄酒出口提出反制措施。几天后，欧洲又增加了对中国钢材出口的指控；当然，中国新的动作，我们还要拭目以待。媒体当然不会错过这场好戏，认为贸易大战已经爆发。也许为时过早，但已经有人提出这个问题："全球化"是否正在走向末路？

　　"各人自扫门前雪"的观念再次回归,其风险难以估量。面对当今长期而艰巨的危机,如果没有坚决的国际集体行动,长此以往,就有可能重新启动造成上世纪三十年代灾难的贸易战争和货币战争,放大股市危机的影响,将衰退转变成全球性的大萧条。闭关自守曾经伴随过二十世纪最糟糕的政治体制,如今已然无法满足各国人民的愿望。上世纪三十年代的悲剧是经济和货币战争,是世界经济治理的缺失,我们今天应该预防的正是这些风险。这就是本书及其题目的要义。在本书中,我着重考察经济金融危机的一个特别的范畴,它将世界经济看作一个系统,国际货币是这个系统的支柱,后文将证明这一点。首先,我们提出问题并做一个大致的介绍。其次,本书从历史的角度回顾金本位制、布雷顿森林体系和浮动汇率制的演变历程;然后分析当今主要货币(美元、欧元和人民币)面临的挑战;最后勾画改革的前景,即如何最优利用特别提款权,让这一真正意义的国际货币为二十一世纪的货币和平保驾护航。

第一章　我们能避免货币战争吗？

　　最完美的国际货币非美元莫属，它的优势在于巨大的吸引力和应变能力，这使它在近五十年炙手可热。二战结束，纳粹专制与日本军国主义溃败之后，在冷战的历史背景下，美元标志着失而复得的繁荣与自由。但从上世纪六十年代起，美元受通货膨胀和越南战争的影响变得更加脆弱。1965 年，戴高乐将军在一次著名的新闻发布会上强烈谴责了"赋予美元超级特权的布雷顿森林协议"，撼动了人们对美元的信心。布雷顿森林体系于 1971 年瓦解。此后美元的表现很不稳定：要么在卡特的任期坠入低谷，要么在里根和克林顿的任期达到巅峰。国际货币合作面临严峻的考验。最近关于美元作为国际储备货币的问题被再次提出。比如 2009 年春，中国央行行长对大量美元储备的安全性表示担忧，并号召建立新的国际货币体系。2010 年，巴西财政部长谴责美国的量化宽松货币政策，并指出该政策的目标是让美元贬值（前文有所提及）。他直言不讳地声称"货币战争已经打响"。这个说法被多次提及，尤其是在 2013 年初日本政府决定通过大幅贬值日元来刺激经济之后。现在就使用"货币战争"这个词有些极端，至少是超前的（见后文对"贸易战争与货币战争"的解释）。国际货币问题自 1971 年采用浮动汇率制以来一直不受重视，今天却成了国际经济和政治关注的焦点。法国在 2011 年初接任 G20 轮值主席时将国际货币体系改革列为三个优先议题之一①。但是改革的雄心壮志却受欧元区危机的影响在戛纳峰会（2011 年 9 月）上烟消云散。在货币混乱的时代，世界经济和全球化能经受住考验吗？

货币问题重现

美元成为国际储备货币和英语成为国际通用的工作语言一样都不是政治决定的结果。美元之所以成为国际通用的价值尺度、支付手段和储备工具，是历史发展的结果。经过整整三十年和两次世界大战的洗礼，美元才超越英镑。今天认为欧元与人民币能与美元抗衡的观点是天真的；然而欧元的推广说明美欧两种货币的替代性已经明显增强。中国的强大让美国主导的世界经济形成了多极化的格局。二十世纪末，中国的崛起和欧元的问世让全球化进入了一个新的纪元。

两种真正国际货币的并存（即使地位不同）确实连接了全球金融市场，为国际投资者提供了套汇的便捷。二十年来，美元兑换欧元的汇率大起大落的原因正在于此。2001 年，美元的汇率达到令人叹为观止的高峰，1 欧元仅能兑换 0.86 美元：美国经济似乎承载着新经济的全部希望。然而互联网泡沫的破裂浇灭了这些不切实际的幻想，美元随即贬值，于 2007 年 7 月达到历史最低点，1 欧

---

① 这三个优先议题分别是：改革国际货币体系、抑制国际市场原材料价格过度波动和全球治理。（译者注）

元可以兑换 1.65 美元。汇率有如此大的波动（来去差了一倍），我们显然不能将其等同于欧洲与美国实际经济的对比。由此引出了两个问题：第一，汇率不再反映实际经济状况（它本应该具有这个功能），这对实体经济产生的影响是否可以接受？第二，如果美元不再是现行货币体系的主锚，我们该如何协调主要货币（美元、欧元和人民币）之间的关系，让它们在真正的国际货币体系中和平共处？经历这次大波动后，美元和欧元反而在 2008 年相继而来的美国金融危机和欧洲主权债务危机中表现出惊人的稳定性：汇率一直保持在 1 欧元兑换 1.32 美元左右。相比英镑、澳元、巴西雷亚尔等其他货币的巨幅震荡，美元和欧元汇率的稳定就更令人震惊了。尽管近两年来国际财经媒体一直宣称欧洲债务危机可能会导致欧元疲软甚至消失，但事实上欧元一直保持稳定，它作为国际货币的地位也基本没有改变。现在把欧元从国际货币的版图上划去显然还为时过早。

当今世界经济是多元货币的舞台：美元独领风骚，但时有争议；欧元深陷困境，但生命力顽强；人民币潜力巨大，但正式成为国际货币仍需时日。回想起千禧年前那个欢欣鼓舞的全球化时代①，现在的变化是多么的不可思议！进入了全球化的一个新阶段，我们将面临什么新的际遇呢？

贸易战争和货币战争：两战间的先例

"关税政策是组织稀缺的政策。

---

①　当时美国被视为超级霸主，美元是无可争议的国际货币体系枢纽，欧元还在酝酿之中，人民币仍被认为是外国货币。

显然,生产稀缺产品的人从中获利。

但它造成损失的总量超过受益人获取的利益。

国家不能人为地把所需的产品变得稀缺而成为赢家。"

——约翰·梅纳德·凯恩斯①

　　什么是"贸易战争和货币战争"? 我们已经忘记。为了引起轰动,我们常常对一些小摩擦使用这个词,其实无关痛痒的小摩擦和真正的经济冲突引起的残酷灾难不可相提并论。要正确估量真正意义上"贸易战争和货币战争"的影响,我们必须追溯到上世纪三十年代。贸易保护主义与两战之间的悲剧密切相关。无论它是经济政策越来越封闭保守的产物,还是陷入绝境的政府无可奈何的选择,都不能改变以下的判断:关税提高、竞争性货币贬值和各国纷纷追求的自给自足曾在上世纪三十年代悲剧性地传播和扩大了金融危机的影响。

　　贸易保护主义的源头是在美国国会通过并由胡佛总统于1930 年 6 月签署的《斯姆特-霍利关税法》。这一法案促使许多其他国家纷纷效仿并相互报复。令人惊讶的是,"贸易保护主义"竟没有被记录在反全球化的文献中,而它却是任何政策都无法避免的矛盾的症结。我们假设一个政府不管出于什么原因打算"保护"本国的部分产业,因为它面临合作国所谓的"恶性"竞争,可能出现两种情况:要么存在一个贸易双方可以陈述争端并得到仲裁的地方,比如世界贸易组织的争端解决机构;要么乙方一定会对首先提高关税的甲方给予回击,采取报复手段打击甲方的出口。这是无

---

　　① 引自 Robert Skidelsky, in *John Maynard Keynes*, vol. 1, *Hopes Betrayed*, Penguin, 1983.

法避免的，历史上还没有哪个国家甘心坐视本国的出口贸易受到损害而不作任何反应。如果只想着采取贸易保护行动先发制人以缓和本国经济而忽略了后续的连锁反应，这是无比天真的。正如上文凯恩斯所总结的那样，任何贸易保护措施的实质是某些国家对某个陷入困境的产业暂时的救济，其代价是对另一个国家，通常是技术更加先进的出口国造成立竿见影的损失。在当今形势下我们显然可以预料，法国限制中国出口的后果便是中国有可能制裁空客飞机的销售。总之，贸易保护主义会导致两败俱伤，讽刺的是，先发制人的一方往往先受其害。经济的历史告诉我们，冤冤相报只能引起世界经济及其生产活动、收入和就业的衰退，就如1929到1932年间上演的一幕幕悲剧。以法国为例，它在三年内工业产值减少了24％，对外贸易量降低了54％，失业率增加了214％。这不是意外，这是残酷的经济法则决定的。

除了操控关税，上世纪三十年代还是一个竞争性货币贬值的时期，这恰好也遵循了相同的逻辑："因为货币被过高估价，本国的生产者饱受其苦；如果给他们一点价格优势，情况会变得好一些。"这个调子已经司空见惯，因为这是"强势"欧元反对者的老生常谈。一个具体的案例比长篇大论更能说明问题：两战之间，丹麦和新西兰是英国的两大黄油供应国。1930年，新西兰决定货币贬值5％，"给本国生产者一点价格优势"，他们因为成本过高和海外需求的萎缩而陷入困境。1931年9月，丹麦紧跟英镑进行了货币贬值，对丹麦农民来说，这还不够给力，一年后丹麦克朗又继续贬值5％。新西兰立刻争锋相对地在1932年12月将货币贬值15％。丹麦无法忍受，一个月之后再一次贬值17％。到1933年底，两国货币已基本接近它们最初的汇率水平，但三年毫无意义的货币竞争性贬值的赛跑加剧了两国的经济困难，增加了贸易保护的压力，升级了政治紧张的局势,最终使内部问题的解决变得矛盾重重甚至举步维艰。总之,在危机时期,社会出现强烈痉挛,国家绝望地被困难淹没,无论关税还是货币形式的贸易保护主义都是最后一根救命稻草。太多的经济学家已经忘记了历史的教训,这难免令人胆战心惊。

西方与"非西方"

为了更准确地理解后文,我们先给"世界一体化"(法文:mondialisation)下个定义:它意味着商品、服务、资本、人口、科技等交换活动的日益增强。如果交换的范围扩大至全球或者至少在全球大部分区域,我们就称之为"世界一体化",也可以用内涵完全一致的"全球化"(法文:globalisation)来代替。如此定义,"全球化"就有了严格意义的经济学内涵(后文我们会讲到为什么要扩充它的内涵),它体现了与"国际化"的区别。在"国际化"时期(上世纪六七十年代),我们目睹了工业国家之间对外贸易和直接投资的加强。而全球化将我们带入了一个全新的阶段:"新兴国家"的经济活力与影响早已超越了统计数据的层面。中国成为"世界第二大经济体",这一新闻自然成了各大媒体的头条。世界新局面最好的例证就是新兴国家跨国企业的迅速成功,比如三星、塔塔、印孚瑟斯、联想、华为、巴西航空、阿联酋航空或巴西国家石油。这些新兴国家的企业每年斥资几百亿美元收购西方企业,这还仅仅是个开头,今后"主权基金"的冲击力将影响整个全球金融。

当今全球化经济的基本特点在于新兴经济体可以将它们的传统优势(廉价劳动力)同迅速发展的先进科技相结合(中国将航

天员送上了太空），同无限的企业创新活力相结合（例如米塔尔父子），同获取丰富金融资源的便利相结合（主权基金）。贸易和创新壁垒纷纷瓦解。借用纽约时报专栏作家汤姆·弗雷德曼（Tom Friedmann）的精彩表达，世界将变成"平"的——我们可以这样理解，信息和商品的流通变得如此便捷，以至于我们可以无限地分解生产活动（物质的和非物质的），并不断地根据价格信号对全球价值链进行重组。我们告别了传统经济地理学根据产地来区分产品的时代，例如著名的"德国制造"。苏珊娜·伯杰（Suzanne Berger）在她的新书中称我们走进了"世界制造"的新时代。尽管全球化饱受诟病，但从二十世纪走向二十一世纪的二十年（1990—2010）却见证了许多与经济进步相关的美梦成真。欧洲经济缺乏活力（尤其是法国），所以我们还没有充分地意识到这一点：对世界经济而言，金融危机之前的二十年是经济发展史上最辉煌的阶段之一，尽管这期间不乏互联网泡沫破裂、恐怖袭击、粮食危机和反反复复的石油价格问题！我们是如何从辉煌走向危机的呢？

　　二战后一个特有的现象是美国增长模式在欧洲大陆和日本等工业化国家的广泛传播。但其他国家在很长一段时间远离了"效仿美国"的浪潮，它们各自采取了一系列的经济政策，但都纷纷以失败告终。有一种悲观的思潮认为，"南半球"国家的发展前景不容乐观，其发展的道路会被所谓的"不平等交换"堵塞。上世纪七十年代末"亚洲四小龙"的成功得益于对一个世纪前日本经济政策的复制，这说明不存在什么宿命论：韩国在三十年内由一个贫穷、资源匮乏、除了廉价劳动力没有任何比较优势的国家摇身一变，成长为一个发达的创新型国家，还主办了 G20 峰会，这个例子的确令人惊叹。

许多"南半球"国家就这样逐步地以自己的方式重新规划经济蓝图。当然,不少国家处境困难,甚至动荡不安,成功的条件并不是谁都具备。但落后或者失败都无法掩盖大势所趋——老牌工业化国家和新兴国家经济增速的差距倒了过来:今天反而是新兴国家的发展速度更快。它们成功的因素很多,比如获得了发达国家的技术、资金和市场。但最重要的是这些国家内部自发的改革:以中国、印度、巴西、土耳其、波兰和南非为例,它们的发展战略各有特色,可谓是八仙过海,各显神通,都具有典型的意义,除了成功与希望,彼此间没有什么共同点。在以上两大发展因素中,"全球化"强调了前者,即来自外部的动力,但根本的决定性因素却是后者,即国家在有利国际环境下的内部选择。再举例说明,阿尔及利亚、阿根廷、埃及、尼日利亚、巴基斯坦甚至俄罗斯,这些国家同样处在"全球化"的国际背景下,但它们的内部选择却不能充分地运用自己的优势资源为国家发展的目标服务——简单地说,不能造福于本国人民。全球化只是一个背景;如果我们能抓住机遇,它便是一个有利的发展条件。正是这个背景造就了邓小平,使其成为当今彪炳史册的一代伟人之一。不管怎样,假如我们做一个全球范围的评估,成功的案例还是绝大多数。近几十年来最引人注目的成就在于国家之间的差距在持续增长了几百年后(自十八世纪第一次工业革命以来)首次出现了逆转。从根本上说,全球化带来了一场"非西方"追赶"西方"的运动,一场上亿(甚至是十亿)人口在四分之一个世纪摆脱贫穷的运动。我们应当承认全球化的成功,排除出于成见对全球化的谴责,记住"南半球"国家的奋起直追是全球化的主要目标。但这些都不应该掩盖隐藏在当今世界经济运行中的脆弱和危险。

全球化实际上是有代价的。代价沉重吗?工业重组、就业萎缩、产业转移早就引起了激烈的反应。经济学家有时骄傲地认为这些激烈的反应只能说明民众对经济规律的忽略或者蔑视：如果我们不接受韩国或中国的汽车、T恤和电视机，那我们也别想把空客飞机、核电站甚至是干邑白兰地卖给对方。道理千真万确，甚至不容置疑——但另类全球化主义者往往低估了这个不可避免的约束。他们有理由强调全球化产生的约束是强烈的，常常让人措手不及，但它对就业的积极作用并不明显；或者更准确地说，全球化约束的分布不均：国家内部不平等的加剧是当代世界经济最沉重的趋势之一。我们在每一个国家都会看到这个泾渭分明的现象：一小部分人学有所长、生活宽裕，活跃在全球化的舞台；而大部分人直接或间接地面临所在领域的产业调整。在这些领域，经济发展的道路似乎已被堵塞，不仅这一代，甚至下一代都看不到希望。我们常常引用的"地球村"图景距离现实还相当遥远。对全球化的怀疑正在扩散，与其说是人们低估了全球化在欧美引起的社会政治反应，还不如说是人们对全球化抱有太多的幻想，以致有上当受骗的感觉。

因此，"全球化"有充分的理由成为近年来时髦的话题。"支持"还是"反对"？对这个问题的争论从未间断。但这样提出问题的方式并不妥当，因为全球化比它的支持者和反对者想象的都要脆弱。历史告诉我们，全球化既不是自然生成的也不是不可逆转的。实际上，我们今天所经历的一切都曾经发生过。第一次全球化始于十九世纪七十年代，在"美好时代"①达到巅峰，最终随着一战的爆发而以悲剧收尾。之后的半个世纪，商品和资本的国际流通都陷入了混乱，这源于经济和货币的原因，但在社会政治层面造

---

　　①　从十九世纪末至第一次世界大战爆发。（译者注）

成的影响在很大程度上引发了第二次世界大战。这就是"反全球化"的真相。二十世纪下半叶,国际经济在一堆废墟上重建,美国在该时期具有绝对的影响力,欧洲和日本的经济和民主开始复苏。从更广义的地缘政治学角度来看,这是冷战的时期,反殖民化运动的时期,石油输出国组织诞生、韩国和台湾地区等"新工业经济"兴起的时期。令人惊讶的是,直到二十世纪末国际化程度才超越十九世纪末的水平,我们花了整整一个世纪。

近二十年的成功与挑战与日俱增,相伴相随。显然,世界变得更加富裕,国家间不平等发展的差距逐渐缩小。然而,国家内部的不平等却加剧了,法国还算差强人意,德国的贫富差距显著增大,美国和中国国内的不平等更是呈悲剧性地发展。世界面临资源紧缺的问题,最终会越来越不安定。全球化引起了激烈的社会政治反应,它催生了"经济爱国主义"、"另类全球化主义",在美国还有"国家安全"等新词。这些反应具有潜在的危险,因为它们传递了一种错觉,认为贸易限制会给眼下的困难带来奇迹般的疗效,而事实上对贸易的限制一旦成为常规性政策,只能导致自闭、衰退和贫穷。除了应该对全球化造成的社会冲击给出恰当的答案,我们还应该思考如何避免十九世纪末(当时的经济已经全球化了)的悲剧再度重演:今天活跃的经济和地缘政治力量需要哪些条件才能得以整合,保障贸易的持续性发展呢?

历史显然不会重演,2014 年不是 1914 年。但我们必须意识到,正如序幕所言,全球化不是一个自然的状态(与此相差甚远),它是政治的产物,是人为的结果。全球性地思考就是向往一个开放的世界,它摆脱了自给自足的束缚——自给自足意味着视野的狭隘、社会经济的不幸和自闭国家面临的政治风险。二十一世纪需要回答的真正问题是已经走过二十五年的全球化进程是否可以持续，也就是说，全球化是否在政治上"可治理"，是否最终会和十九世纪末的第一次全球化一样，只不过是一个经济倒退（甚至是灾难收场）的前奏。综上所述，为了避免第二次全球化重蹈覆辙，我们必须直接面对将世界经济看作一个系统的问题。

"国际"经济体系

对"全球化"的滥用是一个陷阱。尽管上世纪七八十年代大量的文献记载了跨国公司的腾飞，九十年代的文献更加关注狭义全球化的影响，世界经济从来都是（目前也仍然是）由各国经济组成的：对它的分析应当属于我们称之为"国际经济"的范畴，货币在其中扮演着至关重要的角色。如果从抽象的角度考察货币，我们一般会重申任何货币都具有的三大功能：价值尺度、流通手段和价值储备。我们还反复说一种货币之所以不能成为"国际货币"是由它内在的特点决定的；"国际货币"是无数个体经济人的选择，他们本着便利的原则决定某种货币的海外使用，十九世纪的英镑、二战后的美元无一例外。然而，如果有一种"国际货币"不是由某个主权国家发行并使之在境内流通，我们应该明确供该货币流通的"国际货币体系"的特性。

第一，国际货币体系应该为国际贸易的发展提供必要的流动性，便于商品、服务的交换以及资本的流动。

第二，国际货币体系应该为各国对外的资产和负债规避违约的风险，保证国际收支和对外债务的可持续发展。

第三，国际货币体系应该赋予世界经济必要的灵活性，以应对任何局部或系统的冲击，有利于各国经济政策的协调。

国际货币是巩固国际经济关系的桥梁：没有国际货币就没有

交换;没有货币体系(我们想要补充的是)就没有国家之间的平衡。在两次世界大战之间,世界就经历过这样的不幸。当时的英国已经力不从心而美国暂时还不愿接管全球货币事务。因此,国际货币体系也是一个典型的地缘政治问题。然而,国际货币、发行国际货币的强国和全球货币体系的运行,这三者之间的关系往往不如我们预先假定的那么直接。仔细思量,用过于"笛卡尔"的思维方式去考虑"货币体系"问题甚至还具有一定的风险:历史告诉我们,在理性思考下被称为"系统"的逻辑和实际解决国际货币事务的方式之间还存在差距。

本书不准备采用规范的方法,而是考察一个高效合法的国际货币体系应当具备哪些特点,进而推导出几点对政治决策者的建议。采用同样研究方法的《斯蒂格利茨报告》已于 2010 年提交。这份报告论证精辟却没有下文,但也不排除联合国大会今后将这份报告作为未来国际货币体系基石的可能。如果过早采用规范研究的方法,可能欲速则不达,因为无数自相矛盾的反对意见一定会接踵而至。因此我们认为,最好在一开始就采用政治经济学的方法:"国际货币体系"在历史上不断推陈出新,它的起源、发展和衰败给了我们怎样的启示?

拿破仑战争之后,维也纳会议在政治层面的精心安排为十九世纪的欧洲重新带来了和平,但是却没有产生采纳金本位制的集体决策。一旦世界经济在第一次工业革命的推动下飞速发展,所有采用金本位制定义本国货币的国家都加入了以伦敦为枢纽的全球体系。金本位制对经济政策提出的严格要求符合当时主流经济理论所代表的纯粹竞争性资本主义。在两战之间,金本位制并没有因 1914—1918 年的第一次世界大战而突然崩塌;它逐渐瓦解的原因是英、美、德、法等政府在 1920 年后的相继决议;它最终的消亡则归根于 1931 年英镑的贬值以及英国放弃与黄金对内和对外的可兑换性。二战后在布雷顿森林建立的体系和金本位制一样是一个"开放"的系统，就这一点而言，与十九世纪以前或者两战之间所推行的"重商主义"体系截然不同。但是和金本位制相比，布雷顿森林体系具有两个很有意思的特点。首先当然是世界权力中心从英国转移到美国。但这并不是布雷顿森林体系的主要革新，其创新之处更多地体现在与资本主义新动力的一致性，二战后的资本主义不再是十九世纪的竞争性资本主义，而是一种"内嵌"的、"制度化"的资本主义①（内嵌自由主义）。然而在上世纪六十年代末，国际资本市场的自由化很快就表现出对这种"固定却可调节"的汇率体制巨大的破坏性。1971 年，我们不得不承认美元"不如黄金稳定保值"，美国一直追求的目标没有实现。布雷顿森林体系从来就不是一个典范，它和曾经的金本位制一样，只是历史上重要的一页（无论从学术还是政治的角度）。

　　资本的自由流动一定会导致汇率的浮动。首先，与一般的观点相反，我们不赞成将浮动汇率看作一个"非系统"。其次，经验告诉我们，浮动汇率制能满足正在普遍自由化的世界经济的需要，能保障价值储备货币发行国的特权，能在制裁失控的同时赋予各国经济政策一定程度的自主空间。最后，浮动汇率制符合主流保守派思潮，自上世纪七十年代以来，保守派思潮有意削弱凯恩斯主义的影响，让"弗里德曼"模式的思想和政策畅通无阻。尽管如此，和之前的金本位制和布雷顿森林体系一样，浮动汇率制也因内生的原因磕磕碰碰。没有固定的支撑，仅以一种货币（尽管其发行国是

---

　　①　在"嵌入式资本主义"中，金融市场受到严格调控，就业、工资、物价等受政府干预。（译者注）

经济第一强国)作为唯一参考,浮动汇率制只能将罗伯特·特里芬(Robert Triffin)在上世纪六十年代提出的不稳定因素不断地向前推进。特里芬描述了一个两难的困境,根据他的理论,国家货币不适合扮演国际货币的角色:要么货币发行国经常收支盈余,它能收获其他国家对其货币的信心,但却无法提供其他国家所需的流动性;要么货币发行国为全世界提供流动性,但经常收支赤字,这会逐渐侵蚀其他国家对其货币的信心。由此引起汇率波动的原因是汇率不再由商品的相对价格,而是由金融资产的相对价格决定,这个解释不同于支持汇率波动者的观点。这样的波动可能会对实体经济造成难以承受的后果,还会严重威胁到世界贸易和经济一体化的推进,甚至可能引发一场货币战争。

中国终于登上了国际经济舞台,世界经济版图再次重新洗牌。虽然中国已经成为世界第二大经济体,但它只是小心翼翼地去融入一个自己从未参加建设的国际体系。中国加入了世贸组织并受益于较长的过渡期,中国的对外贸易成为世界贸易最具活力的音符。然而在货币对外政策方面,中国却表现得十分谨慎。尽管中国政府抵制美国一直呼吁的资本流通自由化,但它并不排斥人民币逐步升值,只是坚持认为人民币汇率的决定权应当属于中国内政。于是,二十一世纪的国际经济沿着并行的双轨逻辑运行:一个以浮动汇率制和资本自由流动为中心,另一个则以操控汇率和积累外储为原则。更形象地说,我们可以将人民币问题比作柏林的查理检查哨,后者在苏联和西方对峙时期曾作为东德与西德的联系点。当然,我们现在讨论的是一种和平的对立,人民币充当着两种不同逻辑的交叉点,市场经济和"社会主义市场经济"正是在此相遇。但和查理检查哨不同的是,人民币在短期内不会消失,而中国也只会在国际事务中发挥越来越重要的作用。从今以后,如果没有中国的协助，或者至少是它的支持，任何国际事务都难以解决。这解释了为什么在技术范畴来回答国际货币体系问题是愚钝的，比如中国政府应该如何促进资本流动自由化。

我们做出如下假设。国际货币体系的新旧更替遵循着一种内在的逻辑，它由以下三方面的因素决定：首先，国际货币体系的更替是由特定历史条件下（竞争性资本主义、嵌入式资本主义和混合型资本主义）活跃的经济金融力量的本质决定的；其次，国际货币体系的更替是由地缘政治的现实决定的，即使是最优的改革方案，如果不符合最重要成员国的利益，最终也会化为泡影；最后，国际货币体系的更替是由金融思潮和教义决定的，它聚焦于在每个历史时期定义市场和政府较量关系的主流观点。这就是政治经济学研究方法给我们的启示。今天我们正处于一个危机时代，所有人都希望能够尽快找到解决的办法，但谁能保证今天的危机不会像1914年或者两战之间一样带来新的混乱呢？因此应该寻找一条更好的出路。货币问题同时也是国家主权的核心，对欧洲亦然，对全世界也亦然。如果扩大到全球范围，对该问题的解决就不能仅限于货币和金融范畴，而应该放到一个更优的全球经济治理机制的范畴。

全球经济治理

我们已经对全球化有了一个纯粹经济学的定义。其实，全球化并不局限于全球范围内贸易交换的加强，它还催生了各种政治问题。我们必须越来越频繁地在多边协商解决或者日益增加的国际摩擦之间进行选择：解决全球人口的温饱、满足原材料供应的需求、面对恐怖主义和流行疾病等各种威胁、抵制毒品和武器交易、尊重知识产权、规范流氓政权,当然还有遏制全球变暖。这些都属于经济学家称之为"全球公共产品"的范畴,而这类产品的供给却极度的短缺和不当。这是长期被美国推崇的新保守主义政策留下的遗毒:过于相信市场能独自发挥作用。市场的确能发挥作用,但条件是必须有一定的宏观调控;新保守主义政策还质疑国际机构的角色,事实上国际机构的干预也必不可少。2001 年 9 月双子塔被恐怖袭击,再加上美国在中东遭受的灾难性经历(布什总统任内),破坏了美国在柏林墙倒塌后树立的形象———一个高度繁荣的"超级大国"以及理想的无边界民主的载体。2008 年雷曼兄弟倒闭引发的危机彻底戳穿了美国能代表无止境经济进步的谎言,推翻了强调市场能自我调节的极端自由主义的信条。这两次危机都具有严重的暴力性,造成的后果还远没有完全彰显。历史上的大骚乱告诉我们,事件参与者的反应至少和事件本身同样重要。我们经常拿上世纪三十年代的危机做比较,现在看来这样的比较还是能让我们看到希望的。尽管主要大国的利益之间还存在分歧,但是比我们想象的更加一致,特别是在推进经贸交流方面,我们再也找不到如资本主义和共产主义一般的对立或者两次世界大战之间德国和日本的战争野心。今天,孤立主义和侵略主义已经退出了历史舞台,也没有人愿意扮演斯姆特或者霍利的角色(1930 年灾难性的贸易保护法案的发起者),更不用说去充当将民众推向深渊的独裁者了。这当然很好,但我们怎样才能走得更远? 深陷危机的各国政府是否感到势单力薄,希望通过国际合作解决眼下的问题呢? 这里,我们遇到两个挑战。

　　首先,在全球化繁荣时期,政治体制的转变与市场发展的节奏和方向无法步调一致。市场远不能实现世界的趋同,恰好相反,我们看到的是资本主义模式的多样化。经验告诉我们,全球化不能造就一个同质的世界；相反，是各种资本主义之间的竞争造就了全球化。世界范围内市场和民主的胜利只是一个虚构的故事。在十九世纪和二十世纪作为全球化背景的西方自由秩序制定了形式不断演变却井然有序（除了 1914—1945 年间）的游戏规则。这些规则和我们相伴了半个世纪，但和日新月异的世界无法同步，这是一个不稳定的因素。于是，我们更能理解为何在全球化时代地缘政治成为一个新的问题。世界原本就是异质的，如今它呈现出多极化趋势，需要从全局进行调整。国际体系的未来没有既定的道路。一股全新的活力正在迸发，它是复杂的、背负着不稳定的变迁。我们预感应当重新定义价值观，并继十九世纪的"不列颠治世"和二十世纪后半叶的"美利坚治世"之后，在二十一世纪建立"全球治世"的制度体系。这个前景在康德提出"永久和平论"后一直被反复争论，许多人认为它过于大胆或者过于超前。

面对这令人惶恐的挑战，2009 年 G20 金融峰会的临时召开开辟了新的道路，承载了新的希望。既然关系到各国最根本的利益，最重大的责任应该落在国家首脑的肩上。峰会的召开使刺激经济的政策得以施行，危机的发展得以控制，最微妙的谈判得以达成。这样的背景有利于在更广阔的空间寻求妥协，它为摆脱束缚每个机构改革的逻辑"匣子"提供了可能；它打造了每一次让步，让步不是后退，而是在另一个方向前行的机会；它通过纠正缺失、化繁为简、组织互动明确地从全局介入系统协调的问题。那么，这一切是否能确保成功呢？不一定，即使不需要不切实际地提出组建一个有二十个成员国的常任机构的问题（这个问题困难重重，还没有正式切入！），我们对这样的一次会晤也不应该要求过高，即便仅局限在经济领域。至少这是由 G7 和 G8 峰会得出的结论。

柏林墙的倒塌、民主化的胜利以及众多新兴国家向市场经济的转型都向我们展示了一个更加繁荣的世界：全球化无疑是能反映这次史无前例的创新的主题词，但它对我们构想新的世界却毫无意义。从今以后，全球化所需要的不是鼓吹其未来或者揭露其弊端的空想理论家，而是能将全球化的影响（常常是扰乱的，有时甚至是突然的）与全世界民众的意愿协调一致的集体行动准则。无论是中国深圳刚刚获得城市户口的管理人员，美国伊利诺伊州的普通农民或职工，还是德国巴登－符腾堡州、法国弗朗什孔泰大区、意大利波河河谷地区平凡的工人，或者社会民主党的公务员都不能在改革的半途被弃之不顾。各国政府的当务之急是满足人民的愿望；它们也应该界定好互动的范围。极端自由主义经济学说曾一度宣称我们可以放弃人为的调节和管理，仅仅满足于市场本身的规则和制裁。我们最终发现这是根本不可能的（付出了何等的代价！）。我们不应该再怀疑，该去寻找一种全新的、更具抱负的多边主义了。然而，第二个难题来了。

全球化的影响早已触及世界的每一个角落，这个世界其实并不是当初华盛顿新兴保守派所构想的那个单极的世界。美国仍然并将长期保持世界主导大国的地位，但是美国不能再将它的选择强加于人。国际形势充斥着不确定性，即便不是美国领导世界，也不可能有真正的国际协商，更有可能的是一片混乱。全球化走到今天，它需要比二十世纪更强有力的国际机构的支持。首当其冲的国际货币基金组织备受争议；有些国家（尤其是金砖四国）希望协同合作，尝试发展其他的可能性；尽管这样的主动性鼓舞人心，但它最终将和2013年3月在德班通过的银行基础设施融资方案一样，由于影响力有限远不能如人所愿。因此，我们最好还是从现成的国际机构出发，它们在可预见的未来仍然是国际经济体系的中心。我们应该评估其运行机制，巩固其合法地位；这些机构的改革应该超越部门技术责任的范畴,例如对气候变暖问题的处理。总之,国际经济需要新的全球治理机制。也许应该放弃不切实际的希望——以为全球所有的问题都能在一夜之间得以解决,但我们也不能停滞不前,因为有一点是确定无疑的:冷战的结束,新兴经济的崛起以及多极化进程中世界的多样化都不允许将未来构想成二十世纪的延伸。一个可持续的世界经济秩序,首先应该是这样的一种全球状态——每个国家在属于自己的位置上被他者承认。

　　该结束这一章了。我们证明了国际货币体系是全球经济的根基,其功能是促进商品交换和资本流动的有序发展,实现预期的收益。两个世纪以来,世界不断发展,我们看到了国际货币体系在不同阶段的变迁:汇率的浮动或高或低,政府对汇率的管制或多或少,对资本和商品流通的限制或松或紧,货币多元中心主义或强或弱。我们已经界定了历史上相继出现的三大国际货币体系:金本位制、布雷顿森林体系以及浮动汇率制;这三种体系都遭遇了无法克服的困难,逐渐衰落,新的体系登上历史舞台,因为它更能适应国际经济的活力。今天,全球化尽管取得了成功,但是它带领我们走进了一个“非系统”的时代。面临持续的危机,最大的危险是闭关自守;最大的希望是朝着更优的全球经济治理前行。世界需要新的国际货币体系,我们现在就应该着手构建:这个体系不会重走之前的老路,它将反映当代各种模式资本主义的现实,成为体现当今世界主要国家力量关系,重新划分市场和国家责任边界的政治创新。我们将在下一篇分别对以英镑和美元为中心的两种国际货币体系进行深入的分析。

第一篇

国际货币与全球化

英国货币的历史典型地呈现了现代国际货币的完整周期:英镑在十九世纪初成为英国的标准货币,并在十九世纪后三十年扮演着国际货币体系枢纽的角色;它在二十世纪的转折点犹豫彷徨,最终走向衰落,引起了两战之间国际货币的混乱。英镑所经历的一切——腾飞、霸权、挑战和衰落,美元在一个世纪后重蹈覆辙。历史的相似性让人欲罢不能,很多评论家都认为只需拿美元和英镑进行对比(尽管这样的对比有些仓促,甚至经不起推敲),便可以宣告美元和美国最终会无可救药地退出历史舞台。评论家经常犯错,我们应该十分地谨慎,既不能草率地下结论,也不能无视政治经济学和货币史提供的经验教训。以史为鉴,我们可以通过比较和思考更好地看清眼前的现实。

第二章　英国霸权期：英镑与金本位制

　　1914 年 8 月，一个美妙的经济时代画上了句号……一个伦敦人一边在床上喝茶，一边通过电话在全世界订购各种各样的商品……他掌握着大量的信息，完全可以通过同样的方式将自己的资产投向全世界，及时做出选择，要么追求高额利润，要么降低资产风险，或者去银行兑换一块金币……他可以自由地出入任何国家，感受不同的气候，无需办理任何手续……最值得一提的是，他认为世界处于这样一个状态是正常的、安全的并将永远持续下去。

　　——约翰·梅纳德·凯恩斯，《和平的经济后果》，1920 年

　　十九世纪经历了一场颠覆世界历史的革命，当之无愧地被称为"第一次全球化"。当时的全球化和我们今天提出的问题具有惊人的相似性。英国的领导权是如何建立的？它为何走向衰落？国际货币体系是怎样组织世界经济协调发展的？金融业在十九世纪末飞速发展，对实体经济和国际分工产生了怎样的影响？一些新兴大国在世界经济的舞台上扮演着越来越重要的角色：它们是竞

争者,还是挑战者? 它们会让现有的国际经济秩序陷入危机吗?
为了回答以上问题,我们首先应该回顾英镑一波三折的历史(这段
历史被有的历史学家称为"英国霸权期"),厘清促使英国在十九世
纪以既霸权又自由的方式组织世界经济体系的各种机制。然后,
我们将考察在 1914 年前以内生方式削弱该体系韧性的力量。这
样,我们就能甄别出在两战之间破坏货币旧秩序并阻碍新秩序诞
生的几个原因。

英国与全球领导权

　　英镑在十九世纪成为杰出的国际货币有两个原因:第一,它是
世界第一经济强国的货币;第二,世界大部分的国际金融交易都聚
集在伦敦。伦敦不是历史上第一个成为世界贸易和金融枢纽的城
市。费尔南·布罗代尔(Fernand Braudel)对这样的历史时期做
了精辟的阐释,并用"经济-世界"进行概括①。但是,在英国的倡
导下,十九世纪的全球经济联系无论从广度还是深度上来说都与
以往的时代有所不同。当伦敦在十八世纪初开始征服世界的时
候,确切地说,它面临的挑战来自被阿姆斯特丹和荷兰牢牢驻营的
"经济-世界"。十七世纪,荷兰依靠所向无敌的海上霸权和对当时
最复杂的金融技术的掌握统领着世界贸易和金融。英国应该从自
己的领土着手打败这个劲敌。它首先效仿荷兰模式——在远洋贸
易的基础上进行前工业时代的国际扩张。1651 年,英国颁布了

---

　　① 按照布罗代尔的解释,每一个"经济-世界"包括三个要素:(一)一定的地理范
围;(二)一个中心(城邦或国都);(三)心脏地区以外的中间地区和边缘地区。(译者
注)

《航海条例》,实施绝对强硬的重商主义政策,规定只有英国或其殖民地的船只可以装运货物。十八世纪末,全球海域的贸易和军事优势都非英国莫属。1790 年,英国皇家海军拥有 195 艘战舰,而当时法国只有 81 艘,荷兰仅 44 艘。

英国对世界的领导表现在技术、军事、政治、金融等多个领域。它们相互依存,其共同的基础是经济实力:领导世界的先决条件是能在财富、投资、生产力、资本、储蓄和金融等领域独占鳌头。英国领导权的根基是从十八世纪末开始对世界产生重大影响的工业革命。首先,它极大地提升了生产力。工业革命前,人类劳动的组织形式在世界各国都还停留在祖辈传授的经验上,因此各国的生产力水平不相上下。每个国家占全球经济的比重差不多都对应其人口的比例。我们熟知让·博丹(Jean Bodin)的名言"唯有人是财富",以中国为例:1800 年中国的国民生产总值占全球的三分之一,这是大数定律;而到 1900 年,这个比例下降到 6%,我们在后文还会提及。工业革命采用新技术,进行农业现代化,引入机械化,组织劳动分工,一切都发生了翻天覆地的变化。保罗·白罗奇(Paul Bairoch)的统计数据以惊人的方式表现了工业革命的成就。英国起初的生产力水平只是略高于其他欧洲国家,而它在 1750 年开始腾飞,1830 年后达到真正的巅峰。

生产力水平的提高使英国在世界制造业的分量与日俱增,其比重在一个世纪内增至原来的 10 倍,1760 年占全球产值的 2%,1830 年达到 10%,到 1860 年则增加到 20%。在 1860—1880 年间,英国人口仅占全世界的 2%,却生产超过全球 50% 的煤炭和钢铁,使用全球一半以上的棉花,其商船数量也占到全球的三分之一。如果说欧美等其他工业强国从 1830 年起也实现了可喜的增长,但很明显,它们无法和英国同日而语:1800 至 1860 年期间,法国的国民生产总值从全球的 4％上升到 8％,在同一时期,德国从 3.5％上升到 5％,俄罗斯从 5％上升到 7.5％,美国从 1％上升到7％。

　　因此,人们自然而然地将英国的成功归功于工业革命,但事实上不限于此。推动英国工业强大的另一个因素是国际贸易。换句话说,英国经济出类拔萃的真正原因,是工业革命的全速发展和在几十年前就已经积累的国际贸易优势二者的合力。英国之所以在十九世纪中叶就成为世界第一工业强国,是因为它迅速创建了一个能利用各种新技术资源(尤其在交通运输方面)的国际贸易网络,占据了远洋贸易的霸主地位。诸多因素的交融(没有一个欧洲大陆国家能如此完备地实现)形成了英国经济发展的基石,使其在十九世纪构建了新的国际经济秩序,与之前盛行的重商主义实践形成了彻底的分水岭。

　　伦敦成为了世界第一经贸强国的首都,伦敦金融城也在十九世纪统领全球金融,表面上看,这是顺理成章的事。但我们可能又错了,想当然地认为英国的金融实力是其工业成就的必然结果。其实在工业革命之前(出于种种原因),英国就已经掌握了金融技术和规则并从中受益。为了阐明这一点,我们应该追溯到重商主义时代,考察战争时期的经费来源——当时所有的欧洲国家都面临着巨大的税收和财政难题。英国在十七世纪已经形成以下两大优势,这两大优势在一百年后成为其最大的王牌。

　　首先是高效灵活的税收制度。所谓高效,是指和其他国家一样,关税是英国最主要的税收来源;所谓灵活,是指英国在和平时期征收较低的收入税,为战争时期税收的增加(这是可逆的)预留空间。其次是与金融(英国大量长期借贷的基础)较早建立密切的联系:英国在十八世纪经历了四十年的战争,平均 30％的经费来自贷款(很大一部分来自荷兰)。这和马斯特里赫特的标准还相差

甚远！英国对借贷的高度关注正来源于此。和平协议达成之后务
必对战争贷款进行高效的管理,因为它为新的融资提供可能,在政
治和军事动荡的国际形势下,融资需求是不可避免的。从这两点
来看,英国与法国旧制度时期的金融混乱相比,简直就有天渊之
别。当时的法国由绝对主义的王权统治,挥霍无度,财政亏空,在
陷入大革命风暴之前,只能靠一些权宜之计勉强维持。而英国在
以上两大优势的基础上发展了现代金融管理。这是民主生活的雏
形,是由债权人自己的代表为监管他们的利益而实行的议会控制。

　　不管怎样,伦敦在拿破仑战争之后取代了阿姆斯特丹,成为世
界金融要地。一方面是因为拿破仑的大陆封锁政策使阿姆斯特丹
陷入了孤立的处境;另一方面是因为在英法战争时期,伦敦曾经是
向英国盟军提供资助和借款的金融网络枢纽。除此之外,英国还
是原材料的主要进口国,各种大宗商品(棉花、小麦,当然还有黄
金)市场也都纷纷落户伦敦。服务业、货运、商业信贷、海运保险也
随同贸易一起蓬勃发展。拿破仑战争之后几十年,英国成为世界
上独一无二的国家,它拥有发达的银行系统、经验丰富的票据交换
所、品种齐全的服务业、高效且有深度的金融市场。就这样,英国
打下了坚实的基础,在几十年里金融实力伴随着贸易及国际投资
的发展。英国告别了过去的重商主义,粉碎了国家壁垒,“征服世
界”还不够,应该“组织世界”,第一次全球化正逐步形成！

　　第一个目标是将世界经济打造成一个开放的经济。英国废
除了旨在对抗大陆封锁政策的《航海条例》和《谷物法》,在 1849
年转变为一个自由贸易国。它积极地推动自由贸易主义,首先是
葡萄牙,紧跟着是法国(在 1860 年签订了科布登-切维勒尔条
例),然后其他欧洲大陆国家也纷纷响应。英国引领着原材料出
口国走向自由贸易的道路,它用武力打开了顽固的市场,建立了

大英帝国。第二个目标是让新兴国家的市场和生产为英国利益服务。工业化国家有较高的储蓄倾向,可以为新兴国家的发展(比如海港、铁路、基础设施和公共服务等项目)提供资金。用上一章的话来说,在十九世纪后半叶,世界已经变成了平的!从此以后,储蓄和投资的调整都须在全球范围进行。工业化国家资本充裕,金融流通渠道日益完善,因此它们越来越倾向于海外投资,以获取更高的收益水平。

总之,十九世纪是一个"全球失衡"的世纪。这个概念非常现代,用在这里显得有些超前。实际上,当时国际收支的持续不平衡是符合经济理论的:工业化国家贸易盈余,资本流出;新兴国家贸易赤字,资本流入。国际化飞跃发展。国际货币体系如何保证世界经济协调发展呢?

伦敦——国际货币体系的枢纽

英国十九世纪的经济成就建立在工业、贸易和金融三大优势的合力之上。这一点在国际收支的结构变化上表现得淋漓尽致:国际收支盈余最初源于商品贸易,然后是服务业,最终是海外投资的收入。1815—1913年,英国积累了巨大的对外盈余,从未有过任何国际收支的问题。伦敦的金融地位坚不可摧,后来成为了金本位制下国际货币流动的调节器。金本位制的基本原则是各国货币可以自由汇兑,但与黄金的汇率固定不变。黄金在各国央行之间的流动成为调节国际收支最后的工具。然而,金本位制真正的历史与教科书中简化的介绍并不完全相符。教科书把金本位制介绍成一种绝对自由、自动运行的制度。这只是一个近似的概念。首先,作为国际货币体系的金本位制在十九世纪才姗姗来迟。

1870年前，只有英国和葡萄牙采用；德国在1873年战胜法国之后加盟（当时法国巨额的赔款就是以金本位结算的），后来才有其他国家陆续加入。奇怪的是，我们发现在采用金本位制之前，金属货币在国际范围的流通更加广泛，德国的例子可以解释这一点。

德国以前的经济版图分裂割据，金币、银币、外币、本币等各种货币泛滥成灾。俾斯麦政府采纳金本位制，对统一货币市场做出了巨大的贡献。他发行了与黄金挂钩的国家货币，中央银行的建立势在必行。于是，央行的国际网络逐渐形成。金本位制成为系统地组织各央行关系的工具。

金本位制诞生后，在几十年里保证了世界经济的稳定。它调节着汇率和国际收支机制，让其和谐地运行。二十世纪大量的史料证明了这个机制是多么地复杂，随时都有失调的风险。一般来说，金本位制具有稳定资本流动的特点，这和当代的经验形成鲜明的对照。资本的短期流动当然受利率差别的影响，却无不充满着神秘，因为金本位制同时具备固定汇率和资本自由流动两个约束条件（在今天常常被认为是无法兼容的）。为了揭开这层神秘的面纱，我们应当更加深入地理解金本位制。

在对金本位制的描述中，最被普遍接受的是"霸权稳定"四个字（克欧亨尼［R. Keohane］为诠释金德尔伯格［C. P. Kindleberger］的思想在1980年引入）。金德尔伯格写过关于两战之间货币无序的书，他认为十九世纪国际货币体系的稳定不是市场力量天然的结果，而是因为英格兰银行通过实施霸权影响，对其进行了有效的管理。这个概括总结了最主要的方面，但是它也可能让我们误认为国际货币体系是一个集权的体制。实际上，十九世纪的金融体系真正地形成了国际化的局面，以伦敦为中心，但以网络的形式延伸至一些竞争城市，比如巴黎或者柏林。从某种程度上说，当时的金融制度已经形成多极化的格局，包含不计其数的私有部门，制度的灵活性正是得益于分权的特征。但一旦有突如其来的冲击，如果市场调节的力量不足，各国央行齐心协力的干预则必不可少。英格兰银行作为其中最重要的一员，可以通过利率的调整确定其他央行参照的标准。英格兰银行扮演的不是中央调节器的角色，借用凯恩斯著名的比喻，它扮演的是"乐队指挥"的角色。

对所有的经济主体来说，无论实业家还是商人，无论银行家还是投资者，"和黄金一样坚挺"的货币具有巨大的优势：在新货币秩序普照的每一寸地方，利润也好，债务也罢，都以可靠的方式得以估价。长期稳定的汇兑平价似乎和重力定律一样亘古不变，这是经济史上空前绝后的现象。如此稳定的秘密何在？货币政策的信服力！金本位制几十年的实施深入人心，人人都相信政府在任何形势下都会把坚持金平价作为经济政策的决定性目标，在任何情况下都会捍卫黄金储备，保证国际收支的平衡。于是，金本位制在国家的对内和对外经济政策之间建立了一种崭新的关系，前者完全取决于后者。国内的宏观经济（劳动力市场、就业、工资和价格水平）必须承担调整国际收支的一切后果。就这一点而言，十九世纪周期性的大幅经济波动见证了一个已经翻页的时代——以市场和价格的极大波动为特征的竞争性资本主义时代。一旦出现对外赤字，让收支回归平衡的不是理论上黄金由一个国家向另一个国家的流动（由休谟提出的著名的价格-铸币流动机制），而是货币政策。政策的信服力可以这样理解：在经常收支回归平衡的过渡时期，央行通过利率的大幅波动（在不引起汇率危机的情况下）引导必要的资本流动以结算国际收支。因此，对外平衡具有自动回归的表象，但用卡尔·波兰尼（K. Polanyi）的话说，这只有在还没有抵制突发性市场调整（由竞争性资本主义引起）的社会才有可能实现。

十九世纪末,资本主义真正地统治了全球,商品、资本和人员的自由流动已经达到前所未有的程度。金本位制之所以取得如此的成功,是因为它反映了那个时代的需求:在多极化但以伦敦为中心的世界经济层面,它定义了货币合作的条件;在竞争性资本主义时代,它处处引导着经济政策的方向。此外,金本位制还构建了一个强有力的知识框架,以解释和论证当时在成功资产阶级眼里辉煌的经济成就。伟大的历史学家保罗·肯尼迪(Paul Kennedy)这样总结:"我们生活在维多利亚时代的前辈坚信他们遵循政治经济学的原则,发现了能同时保证世界繁荣与和谐的秘密。这并不出人意料。"这个秘密是可以持续的吗?

"新兴国家"登上历史舞台

十九世纪后三十年,英国成为了地球上疆域最广、物产最丰富的帝国,它囊括了世界人口的四分之一。英国皇家海军守护着家园,比仅次于它的两支舰队合起来还要强大许多。英国的商船和电缆穿梭于四大洋,海洋为世界经济史上最密集的贸易和金融网络提供了生存的条件。全球化走进了日常生活;在世界的每一个角落,无论在经贸中心(也就是伦敦),还是在英国的工人城;无论在能与英国相提并论的竞争国,还是在处于边缘地位的国家(新兴国家和殖民国),在工厂、矿场或者种植园,全球化彻底地改变了人们的工作和生活条件,引领着新的生存方式。所有研究过这段时期的经济学家都惊讶于它与当代全球化的相似度,本章开篇凯恩斯的题记也证明了这一点。但与此同时,全球化也调动了各路强大的力量,逐渐侵蚀着英国至高无上的霸权:十九世纪后半叶,尽管"新兴"这个词在当时还不存在,但"新兴"国家如雨后春笋一般层出不穷。对英国而言,新兴国家将成为危险的竞争国,甚至是构成威胁的对手。领导国势力的相对削弱在既有的货币秩序上打开了突破口。全球化的代价和它引起的社会政治反应逐渐显现。为了理解当今世界,我们可以从英国领导地位的衰落吸取许多教训。

首先,一些以前对英国望尘莫及的国家取得了令人震惊的成功。十九世纪后三十年,手工业在欧洲大陆、美国、日本甚至在俄罗斯飞速发展。英国的工业生产在几十年前可以说是独占鳌头,然而在1870年被美国胜出,一战前夕又被德国超越。我们可以用两个机制来解释这个现象。首先是后发优势,也称格申克龙(Gerschenkron)效应。后发的新兴国家可以借鉴先进国家的经验教训,而英国在发展初期苦苦探索,免不了会走一些弯路,这不可避免地减慢了工业革命的步伐。英国在钢铁、铁路、航海、造船业等传统部门掌握着尖端的技术,而资本的输出促进了技术的传播,导致技术在全球形成惊人的同质化。其次,技术创新已不再是英国的特权。第一次工业革命后,以电气、内燃机和石油为基础的第二次工业革命随之而来。新兴国家并不满足于采纳甚至完善现成的技术,它们积极地寻求将知识活动、科研和创新应用于工业进步的方法。于是,德国和美国在电机和化工产业突飞猛进。孕育了第一次工业革命的英国当了一个世纪的领头羊之后,最终还是无可挽回地被超越了。

跌入地狱——中国在十九世纪饱受屈辱

"西方在中国的行为经常因为(我们的)自恋而被从有利的方面去表现……:西方人(应该)帮助中国走出几千年的闭关锁国,对中国进行科技文明启蒙，迫使它对外开放。西方人（想当然地）认为西方的发展、进取、科学、自由和基督教义应该改变中国的因循守旧、贪污腐败、封建专制和迷信愚昧。"杰出的汉学家谢和耐（Jacques Gernet）呼吁我们摆脱这些先验性的观点。我们将在下文回顾十九世纪中国和西方的冲突。

有几千年历史文明的中国在十六世纪末葡萄牙进驻澳门的时候就已经和西方建立了经常性联系；到十八世纪中叶，随着英国和荷兰商人在中国的贸易往来，中西联系更加紧密。或许外国人都是野蛮人，因为他们连皇帝的诸侯都闻所未闻。于是，中国将当时国际贸易的雏形纳入"广州贸易制度"：国际贸易只能通过广州港过境，在本地商会（即公行）的监管下进行。很快，英国进口了大批的瓷器、丝绸和茶叶。然而，中国除了一些毛料几乎什么也没买，英国的棉布对中国人也没有什么吸引力。英国遭遇贸易赤字，不得不通过铸币的流动来结算国际收支。这和以前的情况简直是天壤之别！乔治三世国王决定采取措施进一步打开中国市场，但都徒劳无功，他在1792年派使节马戛尔尼（McCartney）前往清廷，随行的有一百名官员和两艘商船，满载着代表英国先进技术的礼物。庆幸的是，礼物被清廷接受了，但却被称为"英国的贡品"！马戛尔尼在北京要求取消广州贸易制度、开放新港口、降低关税；但他的要求都被清政府一一拒绝。英国一怒之下开始向中国偷运印度生产的鸦片。中国人对鸦片的消费飞速增长，进口量从1820年的5000箱猛增到1875年的100000箱，英国的贸易收支很快回到了平衡。但后果却贻害无穷。首先在金融层面，中国的黄金储备流出国门；最严重的后果是在人道主义和政治层面：吸食鸦片的人身心俱损；腐败蔓延，侵蚀着整个社会。中国政府在1838年开始抵抗，禁止鸦片贸易，绑架了三百个外国人当作人质，发表政令为中英贸易画上了句号。中国对"自由贸易"的侵犯受到了英国的制裁,鸦片战争爆发——这是中国败给西方的第一场战争。1842 年《南京条约》的签订迫使中国承担巨额的战争赔款,开放四个港口,取消公行垄断,割让香港岛。中西摩擦成为第二次军事干预的借口:1858 年中国新开放十个港口,在北京设立了外国办事处,之后又将九龙半岛割让给英国。继英国之后,法国、俄国、德国、美国接踵而至。

十九世纪后半叶,清政府的日渐衰落和西方人的肆无忌惮让中国陷入一片混乱:经济瓦解,战火纷飞,民不聊生。这一切不仅是西方人的过错:衰落的主要原因应该是内在的。继辉煌的十八世纪之后,导致清政府衰败的原因越积越多:挥霍无度的朝廷,连连失败的战争,南部对当地反抗的镇压,急速增长的人口数量(人口从 1802 年的三亿增加到 1834 年的四亿),贪污腐败,走私禁运,巧取豪夺,农民起义层出不穷。清政府政权动摇,无力反抗西方的压迫。民心向背,怨声载道,于是爆发了太平天国运动(1850—1864)。后来,清军在外国远征军的帮助下血腥镇压了这股起义力量。十九世纪末,面临同样挑战的日本进行了明治维新,而中国却没能如日本一样发起一场社会经济革命。当时日本的军队发展迅速、装备精良、训练有素,军事力量远胜中国,很快成为中国最危险的敌人。中国对现代化的尝试以失败告终,逐渐落入了外国人的掌心。世纪之交,中国连年灾荒,不是洪水就是干旱,再一次激起了人民的反抗和排外情绪。各地农民(尤其是山东省)受中国传统的影响转向了神秘组织。其中最有名的一个叫义和团(意思是正义和谐),他们擅用通灵术和武术,故又被称为"义和拳"运动。义和团抵达北京,包围了使馆区,针对西方人的暴力行动接连不断。中国再次和八国联军开战,割让领地,蒙受屈辱,承担巨额赔款,将

海关和邮局等公共机构交给西方人管辖。清政府在1912年退出
了历史舞台。对西方来说，这是失望的开始。中国不再是西方曾
经想象的乐土，有取之不尽的财富：西方将中国拱手让给了日本。
对中国而言，战争才刚刚开始，一直持续到1949年新中国的成立；
而经济混乱的时间则更长，一直到1978年才得以重整。

〰〰〰〰〰〰〰〰〰〰〰〰〰〰〰〰〰〰〰〰〰〰〰〰〰〰〰〰

　　新兴国家成功的路径各不相同：历史沉淀、比较优势、经济结
构和民族精神在德国、美国或者日本以不同的方式造就了各国经
济进步的节奏和形式。从经济、社会和政治等角度概括各国发展
道路的词汇百花齐放：比如自由主义美国，俾斯麦德国和明治日
本，这是一个资本主义角逐的时代。尽管各国发展的模式不同，但
有两点是不谋而合的。第一是各国都系统地践行了现代重商主
义——该经济理论以幼稚产业为借口成功地捍卫了贸易保护主
义，这在历史上是独一无二的。受英国影响的自由贸易条例盛行
于十九世纪六十年代，却在十五年后被更加积极的国家政策所代
替，不过这些政策的执行有足够的变通空间，以免破坏国际贸易迅
猛发展的势头。普法战争胜利后，德意志帝国的成立将一个宽松
的海关联盟（Zollverein）转变为一个稳固的经济、工业和贸易共同
体。在美国，自由贸易的支持者（南部的棉花出口商）和工业发展
的拥护者（北部呼吁实现美洲共同市场以保护优势产业）针锋相
对，双方的斗争最后因南北战争的爆发而中断。这些例子都见证
了贸易保护主义的征服力，它取得了巨大的成功！

　　第二个体现重商主义现代性的共同点是新兴国家竭尽全力推
行出口战略，其目标是从全球化带来的巨大市场（尤其是那些受益
于规模经济的新兴部门）获利。结果有目共睹：十九世纪初靠出口
获得成功的英国逐渐被超越，在1899—1913年间，英国在世界市

场的份额降低了 3%,而德国的市场份额增加了 4%;实际上英国
受到的影响还不止于此,因为英国在传统市场上节节败退而德国
的设备、电机和化工等新兴产业的发展却势如破竹(当然,德国在
这些产业上一直具有重要的影响力)。

　　从 1870 年起,美国经济就已经明显超过英国;是否可以由此
得出结论(正如对一个世纪后的日本和今天的中国一样)——美国
就是当之无愧的"世界第一"了呢? 最好不要如此草率,因为在十
九世纪后三十年的金融领域,只有法国扮演着重要的角色。为什
么美国的金融体系在国内蓬勃发展,而国际化却迟人一步呢? 美
国的对外贸易长期依赖英国的资助;美元——作为经济最发达国
家的货币,在国外却几乎没有影响力。我们在当代经济学辞典中
找不到美元"国际化"的踪迹。怎样解释美国实体经济和货币经济
的错位呢? 第一个原因是在金融领域,相对于伦敦来说,华尔街有
一个永远的硬伤。国际投资者当然会选择一个在商业票据交易方
面有丰富可靠的实战经验,其交易量能保证市场的高度流动性,让
贷款人能享受最优惠的条件,支付最低成本的地方。如此的低成
本和高技术优势不断吸引着越来越多的储蓄,自然会逐渐实现自
我加强。十九世纪和二十世纪之交,巴黎和柏林(仅次于巴黎)已
经着手开展真正意义的国际金融业务,尽管影响范围不及伦敦,但
是远比纽约活跃。因此,还需要从美国自身寻求解释。第一个解
释不足为奇:联邦银行(更不用说州立银行)在 1913 年前被武断地
禁止向出口业务贷款。第二,国际金融业务的发展一直受美国金
融市场大幅震荡的影响。从某种程度上说,美国的金融市场之所
以缺乏足够的安全性,不具备发展国际业务所必需的可预见性,是
因为其组织方式符合美国快速且具有投机性的经济发展的特点。
第三个障碍是美国在 1913 年前一直没有成立中央银行(在一个欧

洲人看来,这确实让人困惑不解)。英格兰银行自1694年成立起就是英国银行体系的中心,它购买商业银行的票据,进行再贴现,逐渐扮演起"最后借款人"的角色,保障着英国银行体系的稳定。而美国在整个十九世纪和英国的发展大相径庭;1791年,汉密尔顿(Hamilton)在费城成立了美利坚合众国第一银行(时效二十年),该银行旨在整理联邦财政,是唯一覆盖全国的金融机构。但是,众多小银行对它制定的金融规则持反对态度,形成压力集团,导致这个中央银行的雏形中途夭折。美国银行趁1816年的金融危机死灰复燃(合众国第二银行成立),但二十年后,第二银行的特许状到期,它的身份延期问题被再次提出,甚至成了总统竞选的制胜法宝——杰克逊(Jackson)选择了民粹主义路线,抽走了美利坚合众国第二银行的联邦特许状,从而蝉联总统。小银行再次大获全胜,以后美国再也没有尝试建立中央银行,直到1907年的金融恐慌导致美联储的诞生。从此,美国的工业成就超越了英国,华尔街飞速发展,堪与伦敦金融城抗衡,但是两国在国际货币领域的差距依然悬殊。

我们再次回顾前文对十九世纪勾画的历史轨迹:这是一个科技突飞猛进的世纪,英国引领着世界经济;在军事和政治领域,日不落帝国也左右着世界格局。以金本位制为基础的国际货币体系普及全球,竞争性资本主义全面盛行,生产模式在全球传播,众多的新兴国家登上历史舞台,有的从此与英国分庭抗礼。和当今的全球化一样,这个轨迹不是一些简单偶然的事件造就的,而是制度构建的结果,是无数政治、工业、金融决策的结果,是连续不断的社会和国家斗争、经济周期和金融危机、战争、殖民统治、反抗、镇压和革命的结果。十九世纪无疑是一个波涛汹涌的世纪,但它的发展轨迹自始至终具有相对的同质性和鲜明的时代特征。我们不会将维多利亚女王的世纪和太阳王或者查理五世的世纪混为一谈,也不会与以阿姆斯特丹、热那亚和威尼斯为中心的"经济-世界"相提并论。通过以上的分析,我们展现了十九世纪名副其实的第一次全球化的历程,全球化的中心是一个在几十年里保障了世界秩序稳定的货币体系,如果说这样的稳定不是绝对的,至少相对紧随其后的全球混乱来说是令人震惊的。接下来我们将分析该体系的瓦解。

第一次全球化的瓦解

十九世纪末,国际形势一直保持稳定,但世界经济的前景日益黯淡。综合货币分析和政治经济学的研究方法,我们拟从以下四个因素解释货币百年和平的原因。简单地总结,它是"自由霸权"的产物。

第一,英国在金融领域一直具有优势:国际收支稳操胜券证明伦敦无疑能在一个分权和开放的国际经济中扮演枢纽的角色。

第二,资本流动具有稳定器的作用:这个功能远不是"市场的内在特性",它反映了以稳定货币的金平价,也就是以国际收支平衡为目标的货币政策的绝对信服力。

第三,竞争性资本主义是金本位制得以实行的必要条件,它允许各国在制定政策时将对外目标作为绝对优先的考虑,这是各国货币协调的必备条件。

第四,我们应该在更广泛的框架下解释"货币的和平"。当时的主要大国都具有国际合作的精神,这有利于提高贸易开放的水平,促进各国货币政策的协调,即使在残忍的资本主义竞争盛行的时期。

但是,1914—1939年间国际经济面临巨大的挑战,以金本位制为基础的国际货币体系也陷入了混乱,以致最后分崩离析。是什么原因导致的呢?是因为第一次世界大战后英国一蹶不振?还是因为 1920 年代的债务和赔偿问题让国际气候毒霾重重?或者因为 1930 年代的经济大萧条促使各国政府纷纷采取闭关自守的政策?显然,这几个原因都难辞其咎。从某种程度上说,这些都是外在的原因,我们首先应该搞清楚的问题是国际货币体系是否在 1914 年前就已经出现了裂缝?我们阐明了"自由霸权"的运行逻辑,它是否早就酝酿着金本位制不可避免的衰败?我们需要衡量这个问题的复杂性,只有回答了这个问题,前面的模型才能带领我们分析国际货币体系从 1914 年前就开始的逐步瓦解。我们的分析从"十九世纪末"全球化的五个特点着手。

首先,我们回到 1873—1890 年,也就是众所周知的经济"长萧条"时期。这个说法有些言过其实,因为当时的经济还是保持增长的,只不过相比之前的几十年增速减缓;另外,这也是一个物价持续下跌的时期。有些经济学家难免将这两个现象联系起来,因为通货紧缩不利于经济增长。此外,物价下跌还被认为与复本位制的瓦解有关,此后黄金成了唯一的金属货币储备。购买同样数量的商品需要的货币减少了,货币数量理论有了用武之地;米尔顿·弗里德曼(Milton Friedmann)坚持认为金本位制在一定程度上导致了通货紧缩。然而,1896 年金矿的发现又引起了物价水平的上升,在二十世纪之交,经济开始复苏(被称为"美好时代");但这是可持续的吗?国际流动性的老问题再次出现,播下了怀疑的种子。这是"世纪末"对货币体系敲响的第一次警钟。

第二个更根本的结构性变化是英国地位的削弱;无可否认,英国还是一个经济强国,在国际金融领域依然出类拔萃。但是,英国作为调节器的中心地位被撼动了,因为在以下两个领域形成的良性循环已被打破：一是英国输出资本并进口生产设备；二是在货币方面，伦敦对外提供贷款并吸收来自全世界的储蓄。随着新兴工业国家的出现，资本来源和商品供给更加丰富，英国经常收支的稳定性不如从前，货币的流动和回流变幻莫测，这表明世界正在逐步地走向多极化。英国的国际地位在1914年前稳如泰山，但它是否能继续保证货币流动的规律性呢？

　　金融业在几十年内发展惊人，可是金融冲击却接连不断，愈演愈烈。这不再是竞争性资本主义在工业快速扩张期所必须经历的周期，而是潜伏在过于乐观的预测、过多的贷款供给和投机行为背后的银行危机。最引人注目的一次是1890年巴林银行考虑不周，冒险货款给阿根廷，结果濒临破产。英格兰银行在关键时刻充当了"最终借款人"的角色，向法兰西银行借款300万英镑援助巴林银行。央行之间临时性地相互借款，这不是第一次，我们在上文已经强调了央行间为了保证货币流通秩序而进行合作的重要性。但这是第一次，伦敦金融中心面临存款安全受到质疑、整个金本位制生死存亡的风险。之后还频频发生过其他的危机和国际救援行动，比如1893年的美国国库危机、1898年的德意志帝国银行危机和1906年再次发生的英格兰银行危机。巴林银行事件清晰地呈现了十九世纪末的第三个新特点：人们开始质疑英格兰银行能同时胜任英国银行业"最终借款人"和金本位制守护者这两个角色的能力；这个问题将一直纠缠我们！

　　在资本主义体制下，市场和国家都扮演着重要的角色（国家曾在重商主义时代起到了积极的作用）。其实资本主义初期对国家职能的要求并不高——它只需征收土地、开放市场、尊重产权，这在美国（联邦政府征收土地，最高法院捍卫产权）比欧洲（还未摆脱旧制度沉重的枷锁）体现得更加充分。但正如马克思所言，资本主义是永不停歇的革命。随着工业扩张，工人阶级势力上升，城市化进程加速，真正的国家市场开始形成，工业聚集，国家的经济责任不断扩大。福利国家的雏形最早出现在俾斯麦的普鲁士，这有些出人意料，但它证明了资本主义的成功使社会生活有必要按照新的方式进行组织。没有既定的计划，各国在频繁的社会政治斗争的影响下以不同的方式实行了一系列的新制度。在各个领域都需要建立新的法律框架，对大型资本企业的发展，对竞争的尊重和对劳动条件等做出必要的规定；政府应该组织铁路建设（使其覆盖全国），保证大城市公共产品的供给，实施公共救助方案，教育年轻一代。十九世纪末，资本主义仍然是竞争性的；它之所以还被称为竞争性资本主义，是因为市场和价格浮动的特点仍然存在；但资本主义的制度化进程已经起步。政治程序已经启动，国家在社会组织方面的重要性逐渐加强，它将成为抵抗风险，尤其是抵抗外来冲击的保护伞。这是世纪之交的第四个结构性变化。在这里，我们感兴趣的是，劳动力市场突发性的调整使民众的反对情绪日益增长，国内目标将成为制定经济政策的首要考虑：世纪之交，金本位制仍然运行，很简单，当时还处于盛世，但保证劳动力市场良性运行的绝对弹性已经濒临危险。

民族国家的另一面是民族主义。随着民族身份的加强，各国的竞争意识蠢蠢欲动；先是抢占世界市场的竞争，然后是帝国主义的竞争。十九世纪末，欧洲处处是营房、堡垒、军火库和装甲舰队。德国突然间实现统一，标志着欧洲强国之间战略性忧虑的回归。自1890年起，德国再也不怀疑自己有权更加公平地分享世界资源，出口商需要市场，德国出色的工业能力逐渐服务于军事和帝国野心。作为欧洲大陆的一个强国，德国在军事首领提尔皮茨（Tirpitz）上将的提议下，实施了建立在海军战舰上的“世界政治”战略,企图超越英国的皇家海军。在世纪之交,英国为了封锁北海,不得不将保卫远洋的装甲舰队召回斯卡帕湾。全球化不仅是经济的全球化,也是地缘政治的全球化:二十世纪初,战略和地缘政治意识的增强与贸易和货币的合作精神难以兼容。这是影响国际货币体系活力的第五个变化。国际合作的精神直到几十年后才重新出现。

　　总的说来,国际经济体系和国际合作的裂痕越来越多,越来越深;我们看到颠覆旧秩序根基的内在逻辑在 1914 年前就已经播下了种子;国际货币体系的稳定在暴力的冲击下摇摇欲坠,这样的冲击接连不断! 现在我们该转向最后一个时期了——两战之间。1919 年的世界与 1914 年的截然不同。这一次,英国不仅面临新兴国家的竞争,它还第一次遇到了严重的对外财政问题:偿还美国债务,保证海外持有英镑的稳定。一战期间,英国在拉丁美洲和亚洲的贸易地位已被撼动,任何自发的资本流动都无法填补它的对外赤字。在这样的局势下,英国极力想回到在上个世纪维持其霸主地位的机制,首先是恢复英镑的金平价。伦敦方面认为,这是信心回归、资本回流的条件。但是为了消除战争引起的通货膨胀,需要制定以降低物价和工资为目标的通货紧缩政策;该政策以温斯顿·丘吉尔的名字命名,引起了针对凯恩斯经济政策的第一次大规模争论——见《丘吉尔先生政策的经济后果》。金平价在 1925 年得以恢复,但代价太大! 汇率比物价先回到之前的水平,英镑被估价太高;出口、增长和就业(失业率超过 10%)都深受其害。尽管英镑的金平价已经恢复,英国却无可救药地走向了衰退。

　　在恢复金平价的同时,英国极力重建货币体系。1922 年,英国在热那亚举办战后的货币会议,旨在重新启动各国央行的合作,但是时过境迁,英格兰银行已经无力扮演能让其合作伙伴臣服的指挥家角色。这一次英国提出了最具体的目标：摆脱各国为吸引急需资本而进行恶性竞争的风险；避免兑换黄金储备的需求。英国希望各国达成协议，让央行原则上可以持有无限额的外汇，当然首当其冲的是英镑。这次会议旨在驱逐不合作行为，但这个目标一开始就因为美国拒绝参加而被破坏——类似于美国国会通过拒绝参加国际联盟来反对伍德罗·威尔逊（Woodrow Wilson）。美国确实在争论的问题上看不到自身的利益，在很大程度上，这是任何国际集体行动失灵的根源：美国的黄金储备大幅增长（从1913年的十三亿美元到1923年的四十亿美元）；二战后，美元成为唯一可以兑换黄金的货币。另一个重要的因素也不容忽视：当时还年轻的美联储很少参加战前的国际合作，它高估了市场机制的自发性（这是美国的传统），忽略了各央行在外汇储备管理方面进行国际合作的必要性，尤其在如此混乱的时期。英国显然不能再独自担任国际货币问题的指挥家，美国当时还不愿意接过指挥棒：在国际货币的舞台上，这是一个黑暗的时期！

　　面对战后的种种困难，各国政府都根据自己的优势和劣势制定最适合的经济政策。民族主义在美国、德国和法国都占据了上风。美国只关注自己的问题；当务之急是在飞涨的战争经济后重新整顿国内的秩序，并让英国偿还借款。因为"赔款"产生隔阂的德国和法国在1920年代分道扬镳：德国政治混乱，通货膨胀加剧；法国在战争胜利后休养生息，实现了"庞加莱"稳定。令人惊讶的是两国都不约而同地青睐黄金，在金本位制的回归中追随英镑；但是它们根本不是为了重建金本位制的和谐秩序，而是采纳典型的不合作政策，忙着将自己的外汇储备兑换成黄金。总之，外围的国家各行其是，未来的领导国只关注自己的挑战；至于以前独占鳌头的英国——国际货币体系的枢纽，它在挑战面前疑虑重重；对未来的预测没有给它留下喘息的机会，英国不得不在 1931 年放弃了英镑和黄金的可兑换性。这是一个世界的终结。

英镑和金本位制的历史最终兑现了自己的承诺：它提供了一个从诞生到衰落，经历了完整周期的国际货币的精彩范例。在鼎盛时期，各种质疑其霸权的力量逐渐壮大。上文的分析告诉我们，不应该拿英镑与下个世纪美元的历史做任何简单的比较，但是它能给我们一些启发，尤其是证明了"自由霸权"体系存在内在变迁的假设。我们由此得出三个结论。

首先是领导国形成的问题。经济实力是实现领导地位的必要非充分条件。领导国的经济必须通过贸易和投资、运输和通讯的基础建设、海上霸权和统治、发表的经济教义和组织国际交换的政策投射到全世界。金融和货币领域如出一辙：领导地位的实现不仅需要银行机构的规模和金融市场的活力，还必须在世界范围产生影响力，它需要的时间或许比实体经济的投射还要长。

其次是领导地位的持久性问题。显而易见，新兴国家的壮大是影响领导地位持久性的根本原因。所有的新兴国家在起步阶段都具备有利条件，因为它们可以通过学习先进国的技术后来居上；有些国家的自身优势也不可忽视，比如美国国内市场的规模。但是，效仿先进国是一回事，利用自身优势成为领导国又是另一回事。在这一点上，起决定作用的不是野心（甚至不是军事野心，比如德国），而是新兴国家在技术、社会或者组织方面是否具备开拓创新的能力。

最后是领导国衰落的问题。上文的分析表明，引起衰落的原因在世界冲突之前就已经在英国出现了端倪。在世纪之交，我们观察到三大趋势：不甘屈居第二的新兴国家发展壮大；领导国地位逐渐削弱（从起初的相对削弱到后来的绝对削弱，英国经常收支的下降和资本收支的脆弱就是证据）；最后是各种机制的紊乱，尤其是资本的流动，它在英国领导地位稳如泰山的时候充当稳定器（避风港理论），但在国际货币体系的稳定和英国民族利益这两个目标发生冲突、英国兼顾二者的意愿或者能力遭到质疑的时候，资本的流动就会出现波动，以至于加速危机。下一章我们将在相同的分析框架下转向对美元和二战后货币体系的研究。

第三章 美国霸权期:美元、布雷顿森林体系与浮动汇率制

上个世纪是一个鼎盛繁荣的时代。在全球化进程中,民族国家的角色逐渐淡化。

这为进取心、创新力和侵略性资本主义的发展提供了空间。

十九世纪(尤其是后三十年)证明了一切皆有可能。

我们被卷入了一往无前的激流,通向更好的条件,赢得更美的生活。

——鲁迪格·多恩布什①

第二次世界大战结束后,同盟国整日忧心忡忡,担心和平的缔结再次犯下《凡尔赛和约》的错误,导致接连不断的悲剧后果。这一次必须制定世界经济的规则并设立保证其实施的机构,以便为

---

① Rudiger Dornbusch,《A Century of Unrivaled Prosperity》,in *Global Fortune : The Stumble and Rise of World Capitalism*,Cato Institute,2000.

国际贸易创造有利条件，促进经济增长。从 1940 年代起，约翰·梅纳德·凯恩斯和亨利·迪克特·怀特分别代表英国和美国的财政部启动对话，以确定战后在贸易、投资和货币方面的国际秩序。双方的谈判于 1944 年 7 月在布雷顿森林达成一致。美国从此毫无争议地登上了全球领导国的宝座，凯恩斯的方案未被采纳。在接下来的四分之一个世纪，美元至高无上地统治着世界经济。正如一个世纪前的英镑，美元成为了新的国际货币体系的枢纽，这个体系前所未有地建立在市场力量、国际贸易、跨国企业的扩张和政府行为的基础之上。各国政府已经摆脱了金本位制的约束，从此以内部目标作为制定政策的根本。但如此光景只持续了四分之一个世纪，布雷顿森林体系远不及当年的金本位制稳固。二战结束后，国际资本流动逐渐恢复，并在 1960 年代进入了完全的自由流动时期。1971 年，美元与黄金脱钩，布雷顿森林体系退出了历史舞台，未来属于浮动汇率。

与通常的说法相反，本书认为以"非体系"来总结接下来的四分之一个世纪（至少在 1990 年代之前）是不恰当的。历时二十五年的浮动汇率赋予国际经济惊人的适应能力以面对前所未有的重重挑战：美国领导地位的削弱、多次的石油危机、新兴国家的债务危机、美国的"回归"与新经济、苏联解体、"新兴工业国家"的崛起。尽管屡遭打击，国际经济从 1970 年代起继续前行，第二次全球化的格局开始形成。在这段时间发生了两个根本性的变化：一是欧元的诞生。欧元作为新的国际货币，虽然无法与美元抗衡，却提供了另一个真正的选择。在 1914 年前，无论法国法郎，还是德国马克甚至美元都难以企及（相对英镑）。二是中国的崛起，即使它算不上是一个劲敌，也是一个不可小觑的竞争者。中国的崛起不仅表现在经济领域，还表现在地缘政治领域，让人不禁联想起威廉二世时期的德国。二十一世纪初世界的局势(在金融货币层面)可以用"非体系"来概括:世界已经金融化,贸易联系比以前任何时候都更加紧密,国际不平衡的程度达到历史新高。两个看似矛盾的逻辑并存于货币领域:一个是自由市场和浮动汇率,另一个是受行政管制的贸易和几近固定的汇率。和上个世纪的英镑相比,美元的经历又带给我们什么启示呢?

至高无上的美元

1945 年,美国成为世界第一经济强国已经整整七十五年;但美元在 1920 年代前一直在国际货币的角逐中扮演着无足轻重的角色。从一个经济领先的国家转变为真正领导世界的力量,美国花了七十五年的时间。今天,当我们评论中国日益增长的经济实力,预测中国将在几十年后成为世界领导力量的时候,不应该忘记美国的先例。1945 年,正如之前的英国一样,美国所向无敌的经济实力和覆盖全球的贸易金融网络形成一股合力,奠定了美国无可争议的领导地位。1945 年,无论在经济还是金融领域,欧洲和亚洲都是一片废墟。美国没有遭受战争的破坏,其工业通过生产和投资大量的武器装备得以发展,迈着巨人的脚步前行,工业产值相比战前翻了一番;美国生产全球三分之二的石油,二分之一的煤炭和电,大量的船舶、飞机、汽车、化工产品等各种各样的工业制品。美国还领先着科技进步,如果一定要举例的话,原子弹的爆炸就是证据。战后的美国持有世界大部分的资本,全球三分之二的黄金储备。在这样的世界格局下,同盟国怎样才能建立新的国际经济秩序呢?

1919 年,英国以为能够恢复其全球霸主的地位,重回金本位制;这个幻想在 1945 年化为泡影;这一次,在经济金融领域,英国成了美国的手下败将。尽管英国在军事上取得了辉煌的胜利,却是凭借着美国的资源,英国已经没有任何幻想的机会,唯一能影响战后世界格局的资本是思想的力量:凯恩斯不负盛名不负英。他从 1941 年起就开拓性地构建了一个组织国际经济的框架。该框架的中心是一个世界中央银行(即国际清算同盟),会员国在此开立往来账户,国际清算联盟为会员国提供贷款,用新的货币单位——班科计价,各国货币以固定但可调节的汇率兑换班科。账户的资源可用于清算国际收支差额,但由于贷款的供给是有限的,国际收支不会遭遇过度的赤字;另一方面,会员国也不愿积累国际收支盈余,因为它必须将从出口利润获取的部分外汇或者班科交还给国际清算同盟。章程一般会规定"任何盈余国家必须……",但实际上在 1945 年只有一个盈余国家,举世无双,那就是美国。显然,凯恩斯的提议很难被大西洋彼岸接受。

这个提议当然引起了美国财长助理怀特的担忧,因为用国际清算同盟提供的贷款(凯恩斯估计的适合金额为 260 亿美元,相当于今天的 16 万亿美元)来购买美国商品,相当于强迫美国无止境地积累以班科计价的储备。因此,怀特在珍珠港事件之后开始制定另一个方案。他排斥班科,将美元置于国际贸易的中心,建立具有稳定功能的国际货币基金组织,可以实实在在地为有金融需求的国家贷款,但使用的是成员国事先存入的资金。这个机构具有金融性质(它用成员国事先存入的或者通过借贷得到的资金提供贷款),但不具有货币性质(因为它不创造货币)——这一点不同于国际清算联盟。后来,怀特和凯恩斯的谈判不可避免地偏向了前者。英国不得不放弃班科和对盈余国家的征税;它只能满足于尚在酝酿之中的、拥有 85 亿美元资产的国际货币基金组织;最后,英国被迫接受以下条款:五年后成员国可以在国际贸易中自由兑换货币。1944 年 7 月在新罕布什尔州布雷顿森林，怀特计划只用了两周时间就得到了同盟国的支持。关于贸易问题的谈判就没这么顺利了。1947 年的哈瓦那协议准备成立国际贸易组织，却被美国国会拒绝；理由是战后不需要一个过于稳定的机构，不具备法人资格的关税贸易总协定更加适合。但随着 1947 年在日内瓦开始的谈判回合，国际贸易的自由化成功启动。

　　二战后，一些倡导自由主义的世界经济机构登上了历史舞台，但是各国政府的当务之急是改善人民的生活条件和进行经济重组。美国在二战期间的金融机制已经走到了尽头。美国的主流声音总是在解释只要让市场自由运行，它总能提供解决的方案。但是在世界各地（尤其是欧洲和日本），外汇储备严重缺乏，以致无法购买重振经济、恢复出口、重建平衡的多边贸易所必需的设备和投入。这些困难不是暂时的，也不是靠进取心（即使得到类似于国际货币基金组织提供的贷款资助）就能够解决的。我们有可能回到控制汇率、限制贸易的行政管制时代，这将导致 1930 年代的幽灵重现。随着冷战的加剧（美国在 1947 年明显感到欧洲有转向苏联阵营的风险），美国再也不能冷眼旁观，它必须采取行动。众所周知，美国启动了一个大胆的政治行动——马歇尔计划（正式名称为"欧洲复兴计划"）。马歇尔是美国当时的国务卿，1947 年 6 月，他在哈佛大学的著名演讲中提到这个方案，最终在美国国会通过。马歇尔计划实施五年（1948—1952），金额达到 130 亿美元（相当于1948 年美国国民生产总值的 5％），这次援助的主要目的不是重建欧洲而是促进欧洲经济的现代化。在冷战的环境下，这个计划对德国来说意味着彻底的阵营转变。实际上美国的财政部长摩根索（Morgenthau）曾在战后提出过一个处置德国的方案——将德国分割为南北两个国家，对德国经济进行"农业化"，使其萎缩到仅剩农业部门。然而，随着马歇尔计划的推行，人们一致认为如果德国经济没有重组，欧洲便不会有持久的繁荣与和平。这个想法归功于德国工业的坚挺——与其他废墟中的城市不同，德国战后的工业生产能力受战争的影响很小，武器的生产水平在 1945 年初就达到了巅峰。

　　朝鲜战争爆发前夕，美国在共产主义阵营以外的世界经济中行使着领导权；美国工业开始征服世界；欧洲和日本经济已经恢复到战前的水平。但是英国和法国被卷入了殖民后遗症，面临着反反复复的宏观经济困难；德国和日本尽管是战败国，但却凭借极其强大的工业能力走出了冲突，它们正在寻找国际贸易的机会，为即将到来的腾飞做好准备。布雷顿森林体系怎样组织全新的国际经济的发展呢？

　　布雷顿森林体系遵循两个受自由主义影响的原则：清除国际贸易的障碍和货币的可兑换性（汇率固定但可调整）。布雷顿森林体系翻开了世界的新篇章。资本主义的性质发生了改变，它不再具有竞争性这一标准的特征，而是走向了制度化的道路。经济政策的思想也发生了变化，大萧条严重地动摇了对市场机制的信心。凯恩斯理论名扬四海，它为纠正市场缺陷的国家干预提供了新的合理性。经历了战争的洗礼，各国的发展重点都放在完全就业、促进增长的国家政策和对经济周期的调整之上。在货币政策方面，对金本位的参照已经销声匿迹，货币被认为应该具有弹性的价值标准，而这个标准是由国家定义的。

　　新形势带来了新问题。各国根据内部目标制定经济政策，从此有了不同的发展轨迹。我们会说十九世纪也出现过类似的情况；但是正如我们所见，金本位制在当时保证了不同轨迹的协调性。而今天各国的发展各自为政，因为对外目标只是四大宏观经济政策目标之一(即促进增长、增加就业、稳定物价和保持国际收支平衡)。各国通货膨胀的节奏有快有慢,对外不平衡的程度比一个世纪前要严重得多;更有甚者,政府没有任何理由放弃为获得竞选成功制定的目标。国家的对外地位削弱了,竞争力下降,外汇储备消耗殆尽,著名的"对外约束"将被吞噬,只剩下薄薄的一叠外汇以购买国家必需的进口商品:石油、食物、半成品、机器和各种设备。战后的资本主义加强了国家基础并从中找到了民主的合法性,后者在大萧条和战后险些丢失阵地;于是,资本主义打开了潘多拉魔盒,国际秩序混乱的风险将长期持续。

　　布雷顿森林协议的过人之处在于它能防患于未然,它在1944年就建立了一些相应的制度和工具以面对上文提及的风险。从1950年代起,支付危机频频发生,每一次调整机制的运用尽管都有十九世纪的影子,但却反映了经济政策的新秩序:通过紧缩性货币和财政政策限制内部需求,通过货币的贬值恢复国际竞争力,通过国际货币基金组织的借款对国际收支进行暂时性融资(相当于十九世纪私人资本流动的稳定器角色)。如此一来,国际货币基金组织就可以直接干预经济新政策的制定和执行,它甚至在需要"输血"的国家设立了海外办事处(比如巴黎的里沃利街和伦敦的白厅街)。国际货币基金组织的某些行动在"荣光三十年"的经济货币史上占据着特殊的地位,每一次都带来了深重的灾难,比如1958和1969年的法国,1967和1976年的英国或者1990年代的亚洲金融危机。如果仅限于此,我们可以认为国际货币基金组织所监管的"固定但可调节"的汇率政策就相当于金本位制度下的调节机制,只不过前者须遵循制度和政治程序。1944年建立的布雷顿森林体系的显著成功在于它通过协调各国的发展轨迹(一直有分化的危险)保证了增长机制持续二十五年的传播。布雷顿森林孕育了"荣光三十年"，它组织了一个国际化的非常时期（由美国担任指挥家），但也很快表现出根深蒂固的缺陷。

布雷顿森林体系的终结

1945 年，金本位制仍然深入人心；没有人能想象一种货币可以不参照"国际价值"；认为美元可以定义各国货币已经算是迈出了革命性的一步。而美元的国际价值在布雷顿森林已经确定与黄金挂钩：即每盎司黄金价值 35 美元。正因为如此，布雷顿森林体系经常被称为"金汇兑本位制"，如果我们翻译成法语，即"美元和黄金一样坚挺"。这个比喻更加形象，它暗示着布雷顿森林体系可以和谚语一样长命百岁，或者说只要黄金的价格真正保持在每盎司 35 美元，布雷顿森林体系就会一直存在。可是没有任何制度安排保证美元和黄金的关系亘古不变。其实二者的关系并非自然形成，因为和其他地方一样，美国的货币政策是由国内的燃眉之急决定的。我们将很快确认美元和其他货币一样，其价值标准是具有"弹性"的。战后，悲惨的生活条件很快得到了改善，令人担忧的美元短缺也不是问题了，世界贸易飞速发展，以前的强国完成了工业重组，有些甚至已经赢得了大量的对外盈余，美国企业在海外投资并用美元支付。从这些趋势我们可以预测其他国家持有的美元储备将在 1960 年代初超过美国的黄金储备量。从银行经济的角度，这意味着美国财政部从此面临着这样的风险：如果外国债权人要求用他们持有的美元兑换黄金，那么美元还能保持和黄金一样坚挺吗？

国际经济秩序建立在一个简单的信仰之上吗？这个问题有些奇怪，因为在一个发达的市场经济中，黄金应该和其他任何商品一样,价值不可避免地会产生波动。上个世纪对"金本位制"的信任在一定程度上建立在"自我实现"的原理之上;但是这个全民信仰引起了实实在在的后果,我们已经看到伦敦进行了怎样的精心管理(再次联想到凯恩斯关于"指挥家"的比喻)。一个世纪后,华尔街在金融领域稳居霸主地位,黄金交易市场却依然扎根于伦敦。在黄金市场良好运行的同时,国际货币出现了问题。历史不会重演。这一次,"指挥家"很快就遇到了严峻的困难,面对枢纽的角色力不从心。美国政府早就意识到这个问题并向合作国提议了一个解决方案;但由于该方案非常明显地将调整的成本强加给合作国,最终未被采纳。

在美联储的提议下,八个主要国家的央行在 1961 年制定了一个共同战略,旨在通过建立"黄金总库"干预调整市场,抑制金价上涨,保持美元汇率。具体地说,当黄金价格上涨时,也就意味着美元即将贬值,各国央行必须抛售黄金,让其价格回落至 35 美元;总库所需的黄金由美国承担 50%,其余国家按不同比例分摊。表面上看,这是一个不对称的方案,它强迫美国的盟国出售黄金以兑换美元。美国 1944 年逃过了积累班科的风险;它能否在二十年后说服合作国积累美元呢?南非和苏联卖出的大量黄金换来了几年的缓冲期。美元还可以自诩为"至高无上",但好景不会太长。第一个将持有的美元兑换成黄金的是意大利,以抵消它对伦敦黄金市场的影响;这样做十分精明却骗不了人,相反恰好证实了上述方案具有彻底的人为操作的特点。法国的态度更加激进,它在 1967 年退出了"黄金总库";戴高乐将军(De Gaulle)的这个决定自然和他一贯的对外政策方向一致,遭到了英美媒体严厉的批评,他们认为戴高乐及其经济顾问雅克·吕夫(Jacques Rueff),甚至整个法国应该承担后来货币混乱的重大责任。简单地说,布雷顿森林对货币体系的重建不切实际，即使没有戴高乐的大动作，"市场"的力量也会暴露出该货币体系的缺陷。

决定性的事件发生在美国；人们对尼克松的政策提出了许多疑问：他是怎样为越南战争筹集军费的呢？他会容忍更加严峻的通货膨胀吗？他能消除美国直线上升的对外赤字吗？无需戴高乐的刺激，1967 年 11 月英镑的贬值引起了抢购黄金的特大风潮：在几周之内，总库流失黄金超过 1000 吨。1968 年初，随着越南战争的升级，危机继续恶化，美国赤字加剧，英镑在 1967 年贬值后不见起色。同年 3 月，黄金每天的销售量达到 200 吨，局面变得无法控制。在美国的要求下，英国首相于 3 月 14 日午夜（这个时候拜访白金汉宫可不是常事）请求女王在第二天（3 月 15 日，星期五）关闭银行。黄金市场关门两周，等待政策出台。解决的办法，更确切地说，能让国际货币体系在 4 月 1 日之后苟延残喘的权宜之计是"黄金双价制"：在官方市场上（各国央行之间）仍然实行 35 美元等于 1 盎司的比价；而在自由市场上，金价开始浮动，由供求关系决定。国际货币体系之后的处境怎样呢？"继续保持 35 美元的黄金官价意味着布雷顿森林还有完整之躯。"杰出的货币历史学家巴里·艾肯格林（Barry Eichengreen）这样总结；一个非常奇怪的结论！更接近经济和历史现实的说法或许是这样的：布雷顿森林体系遇到了英镑贬值（1931 年）以来最严重的危机。"市场"已经证明作为布雷顿森林体系基石的那句谚语只是海市蜃楼；各国政府在三年以后（1971 年）才得出同样的结论。

布雷顿森林体系有一个根深蒂固的缺陷，这个缺陷早就被比利时经济学家罗伯特·特里芬（前文已经提到）识破。他在 1947年就宣称布雷顿森林体系面临困境，而美元就在这样的困境中充当国际货币的角色：美国要么拒绝为其他国家提供美元，国际贸易和投资的发展将再次因流动性不足而受到束缚（和黄金短缺时期一样）；要么为其他国家提供充足的美元，而这将导致以每盎司35美金的价格兑换黄金的信心受挫，不可避免地造成抛售美元，使得美元和黄金的可兑换性画上句号。在经济学上，很少有表述如此清楚、实现如此迅速的预言！如果我们回到从前，也可以构想另一条路径：美国本来可以在国际货币领域继续行使领导权，但这意味着要实现艰难的平衡：首先要保证适合的流动性供给；其次要实行国际货币基金组织强加于赤字国家的纪律；最后要避免"金本位制"在上个世纪强加于英国的突发性调整。

但如果只是如果，我们清楚地知道它不过是一个假设！布雷顿森林体系的设计者（首先是美国财政部）想用稳定持久的方式来固定金价，从市场经济的角度来看，这无疑是荒唐的，应该确定的是"和黄金一样坚挺"的货币发行国必须遵守的规则。显然，在二十世纪中叶，这个假设是不可能实现的：首先，在这个时期，制定经济政策的第一标准是国内的需求（美国也很快面临国内的挑战）；其次，在经济和货币层面，美国对其他国家的崛起没有丝毫的顾虑。美国的这条政治路线让我们立即想到康纳利（Connally）的名言"美元——我们的货币，你们的问题"，再直白不过了！康纳利选择和欧洲较劲，1971年5月他在慕尼黑对新政进行了解释；不久以后，各国央行行长在巴塞尔聚集，指责康纳利的这种说法。眼见美国与世界貌合神离，市场很快对这次具有威胁力的风暴做出了反应，用美元兑换黄金的需求被再次点燃，就连英国也在8月提出要兑换一部分美元储备；这是压死骆驼的最后一根稻草。

华盛顿"冷眼旁观"，作为国际货币体系枢纽的美国拒绝承担责任（和上个世纪英国的表现完全不同），它将市场调整的担子推卸到"盟国"身上。很明显，这是当尼克松总统在1971年8月决定美元和黄金不可兑换时，布雷顿森林体系终结的根本原因。但对美国来说，这也不是世界末日；它走向了新的生涯。美元不再与黄金挂钩了？没有关系，美元仍然是国际货币体系的中心，因为别无选择。或许这样更好，美元摆脱了束缚，可以为美国的利益而自由波动。我在三十年里听到的众口一词是"美元太弱？没事，这有利于出口和就业；美元太强？很棒，这证明世界对美国充满信心"。美国一直愿意相信又回到了美元至高无上的时代。1980 年代后又开始了疯狂追随美元的赛跑，不过在这之前应该让新的角色登场：那就是欧元和金砖国家，它们将从根本上改变国际经济和货币的格局。

欧元与金砖国家粉墨登场

欧元的诞生显然是二十世纪后二十五年改变世界经济的重大事件之一。德国总理维利·勃兰特（Willy Brandt）和法国总统蓬皮杜（Pompidou）倡导将货币联盟纳入欧洲一体化，他们委托年轻时参加过布雷顿森林会议的卢森堡首相皮埃尔·维尔纳（Pierre Werner）在 1970 年的海牙峰会上提交了《关于在共同体内分阶段实现货币和经济联盟的报告》。维尔纳报告是二十年后欧洲货币联盟的起源，因为它肯定了在欧洲建立共同市场和在各成员国货币之间实行固定汇率的必然联系。这是（今后也一直是）货币联盟的主要目标，但当时的想法还不够成熟。国际货币秩序在 1970 年代再次陷入混乱，欧洲各国政府达成的协议不尽人意，因此欧洲货币联盟的问题不可避免地要以更具体的方式回到谈判席上。中间阶段的谈判内容是汇率调整机制，经历了两次失败。1972 年 4 月的巴塞尔协定将汇率波动的幅度限制在双方平价（实际上是相对于德国马克）的 2.25％以内。这个方案被称为"蛇形浮动汇率机制"，当美元在1973年3月开始浮动时，"蛇形浮动汇率"变成了"洞中蛇"，这个比喻形象地体现了欧洲货币的震幅将被稳定在一个狭窄范围的宏伟目标。因此从整体上说，欧洲货币相对于美元的浮动是有序的。但保持汇率关系相对稳定的理想和现实之间存在差距。英国和丹麦的货币几乎立即就弹出了波动的边缘。法国也没坚持多久，法郎于1974年退出"蛇形"浮动，1975年重新加入，1976年再次退出，在此期间，德法政府之间的火药味不断升级。在信奉货币一体化的人看来，这样的局势真是令人懊恼。

新任法国总统瓦莱里·吉斯卡尔·德斯坦（Valéry Giscard d'Estaing）和刚上台的德国总理赫尔穆特·施密特（Helmut Schmidt）希望"蛇形汇率机制"能继续发展，于是建立了"欧洲货币体系"。汇率平价不再由德国马克，而是由成员国一揽子货币决定，这个标准即欧洲货币单位，又称"埃居"。对弱币国来说，这是一个天大的喜讯；该体系和布雷顿森林体系一样，成员国可以调整平价，而不会被排斥到汇率机制之外；成员国共同储备货币，由欧洲货币合作基金组织来协调敏感问题。德国干预的问题被再次提出，德国央行当然反对其自主决定权的丧失。在这个问题上，德国的争论颇具戏剧性。赫尔穆特·施密特是第一个访问德意志银行的总理，他发表演讲，追溯到战争、德国的责任甚至谈到奥斯维辛，以呼吁央行支持这个作为欧洲和解政策支柱的计划。德国央行表面上除了听从政府别无选择，实际上却在协议里表示"不会捍卫法郎和马克的汇兑平价"，这体现了德国央行传奇的独立。我们又回到了汇率单一调节机制，也就是说，几乎回到了原点。同样的原因导致了同样的结果，协议签订六个月后出现了第一次汇率调整；后来的五次调整受1981—1983年间法国经济政策失控的影响要剧烈得多。经过漫长的讨论，法国最终决定毫不含糊地兑现在欧洲货币体系的承诺并接受其规则,正如德国也无可奈何地决定接受马克的升值(这在一定程度上挽回了法国的面子)。法国的决定带来了一段短暂的平静。

法德稳定汇率的尝试和维尔纳计划的失败告诉我们:如果旨在稳定汇率的协议必不可少,它必须要求合作国在两个方面做出坚定的承诺,即政治承诺的公信力和内部经济政策的一致性。欧洲货币体系失灵了,货币联盟的问题只能重新提上谈判日程。积极倡导的有巴黎、布鲁塞尔和波恩:巴黎惊讶于法国对德国货币的依赖性;在布鲁塞尔,亲欧洲的雅克·德洛尔(Jacques Delors)新任欧洲共同体委员会主席;在波恩,外交部长汉斯-迪特里希·根舍(Hans-Dietrich Genscher)出人意料地提议成立欧洲中央银行。雅克·德洛尔主持的货币联盟报告正在酝酿之中,对该问题的讨论也如火如荼,1989年6月马德里峰会上德洛尔计划被各国政府和首脑采纳。这一次德洛尔报告在技术上是完备的,但可能和以往一样,反对意见来自莱茵河畔,因为德国难以接受主权的丧失。但德国的统一改变了格局,单一货币从技术性计划发展到政治野心。德国重新找回了历史姿态,即欧洲中心的地位和分量。人们开始担心欧洲沦为德国的欧洲,单一货币便是将统一的德国变成欧洲的德国的一种途径。自从赫尔穆特·科尔(Helmut Kohl)和弗朗索瓦·密特朗(François Mitterrand)签订了政治协议,单一货币计划逐步走向成功,它战胜了1991—1992年的货币危机(英镑屈辱地走出这次危机),见证了欧洲中央银行的成立、1999年1月1日单一货币的启动(1欧元=1.19美元)和2001年1月1日欧元现金投入市场流通。从此,欧洲有了自己的货币,世界经济有了两种真正的国际货币(当然它们的历史和潜力是不对等的),国际货币问题以金本位制从未经历的方式发生了改变。

日本——奇迹和"失去的二十年"

《日本第一》出版于 1979 年,作者是哈佛大学著名的亚洲研究专家傅高义教授。当时卡特任美国总统,美国经济滑坡,美元贬值,这本书引起了很大的反响。该书挑衅地认为美国的经济正在被赶超,日本的成功归功于它没有像美国那样天真地热衷于"市场",日本社会建立在既专断又灵活的制度之上。日本经济的中心是少数财团,它们将工业和金融结成了强劲的联盟;日本的成功还有一个重要的原因(绝对令人叹服),那就是通商产业省(MITI)受重商主义启发而推行的非常活跃的"工业政策"——这是法国左派和右派的柯尔贝尔主义者一直梦寐以求的。

这本书的题目和大胆的预言在今天看来是可笑的;之后,日本经历了二十年的经济萧条,现在的"世界第一"另有其国!这本书给了我们很多启发,它暗示着当今的局势,具体而言,中国担心在西方的推动下重演 1990 年代日本的悲剧。从此,"日本经济奇迹"的话题实际上已经让位于"日本倒退"。我们曾经认为势不可挡的日本活力是怎样沉沦的呢?1980 年代的日本欣欣向荣,但里根总统就任后的美国东山再起,再也不甘心一蹶不振。美国的政策目标是"打开"日本,减少其不断增加的对外贸易盈余;日本的反击铿锵有力(因为日本比德国更能嵌入美国的战略部署),主要围绕以下三点展开:第一,根据日美货币谈判的结果(Oba-Sprinkel 协议),日本将开放金融市场,解除行政管制;第二,根据"自我限制"协议,日本可以在不违反世界贸易组织规则的前提下自愿减少对美国的出口;第三,日本将通过内需实现增长的再平衡。

日本 1980 年代的高速增长转变为投机的泡沫。我们发现泡沫的根本(一如既往地)是利息下降、贷款泛滥,股票的上涨令人头晕目眩,股值在十年内增加至原先的三倍,地价的上涨引起了房价的飞速飙升;形象地说,东京皇宫脚下的土地比整个加利福尼亚还要贵! 为了控制这个局面,日本央行在 1989 年底上调利息,后面的情节每个人都记忆犹新:泡沫破灭了,债务危机接踵而至;但是日本没有找到"危机的出口","失去的二十年"才刚刚开始。直到今天,日本的案例还经常出现在对经济政策的争论中,因为日本政府对国家经济的停滞无能为力。银行和保险公司在不良债务的堆积下纷纷倒闭;解决的办法是暂时不承认账面上的亏空,向其注入资金,但这远远不够,最后是央行向这些金融机构借款(日本银行是第一个实行零利率政策的央行)。我们称这些银行为"鬼行",苟延残喘的它们还在继续为那些亏本运行的工业、房地产和贸易部门融资;政府不断出台刺激经济的政策,日本到处是公共建设,其目的越来越诡异,整个经济都变成了幽灵! 日本 1998 年的预算盈余为 2.4%,到 2008 年竟转变为超过 10% 的预算赤字。公共债务占国民生产总值的比重超过 200%,高居世界经合组织之首。当然,在这段漫长而艰难的时期,日本也经历了重大的结构性变化:企业开始合并,尤其在金融部门;失业率上升,尽管还不构成灾难性的威胁;就业条件发生变化,终身职业一去不复返,就业岗位愈加不稳定;退休制度屡屡改革,生活水平停滞不前。当今的日本处于一个两难的处境。一方面,它的经济非常发达(日本的国民生产总值相当于法德两国的总值),科技能力出类拔萃;另一方面,它是世界经合组织中人口老龄化最严重的国家,其经济从 1991 年金融危机以来一直没能完全复原。

　　2012 年 12 月,日本首相安倍晋三上台后推行了一系列刺激经济的政策,被称为"安倍经济学"。他决定直击在日本猖獗了十年的通货紧缩(已成为经济增长无法跨越的绊脚石),并确立了让通货膨胀率达到 2% 的目标。于是,他再次增加公共支出,特别是制定更具侵略性的货币政策(从任命新的央行行长开始)。安倍经济学的另一面是通过货币贬值刺激出口。这项政策不仅是大胆的,更是激进的:实际上,日本已经是一个净出口国,它的经常项目有大量的盈余。明目张胆地进行货币贬值确实象征着货币战争的回归。和 1930 年代一样,这项政策将本国的失业问题抛给了邻国(beggar-my-neighbout policy)。一些担心国际货币关系不稳定的国家(韩国、中国、德国甚至言行谨慎的美国)对该政策提出了批评;然而,国际货币基金组织为此喝彩,它希望日本经济复苏,却忘记了自己的首要任务是组织国际货币合作。2013 年上半年,这项政策的运行结果喜忧参半。一方面,经济活动有所起色,特别是价格出现上升趋势;但是现在就宣告胜利还为时太早,我们还没有看见真正的复苏——日本经济应该由投资和消费引领到可持续的轨道。我们也看到日元下跌 25%,既增加了出口,又提高了进口商品的价格。尤为甚者,安倍首相的手段隐藏着严重的风险:历史上还没有出现过通过向经济"放水"来摆脱危机的成功先例,而对货币的操纵可能演变为一个无法掌控的游戏。

在欧洲一体化大步前进和作为一流经济强国的日本逐渐隐退的同时,另一股活力开始改变世界经济。直到 1980 年代末,它一直被铁幕一分为二。铁幕以东年复一年地证明着集权专制国家进行改革和转变粗放型增长模式是多么地不易;铁幕以西进入了国际化进程,见证着在美国出现的福特增长机制在发达国家的广泛传播。这个时期的特点是商业和金融贸易飞速发展,跨国公司(尤其是美国的)在"产品生命周期"的理论逻辑下疯狂扩张。剩下的就是"第三世界"了。在反殖民的后遗症和铁幕两边较量的影响下，第三世界前途渺茫。然而，一场真正的革命正在亚洲悄悄酝酿。韩国、台湾地区、香港地区和新加坡"亚洲四小龙"正在崛起，尽管国家（地区）贫穷、资源匮乏，也没有比较优势，但是它们受上个世纪日本的启发，在1960年代鼓起勇气立下了发展经济的雄心壮志。我还记得一个在巴黎十三大学读博士的韩国学生，他骄傲地对我说："西方用一个世纪完成的，日本用了二十年，而我们仅用了五年时间。""亚洲四小龙"自力更生、勤奋进取，它们成功了，被称为新型工业国家（地区）；发达国家开始恐惧其制造业的出口。出口商品在初期只不过是一些基础产品，特别是纺织品，凭借低廉的价格优势击败了所有的竞争国，但这只是一个开始！进入新纪元最明显的标志可能是1988年在韩国举办的奥运会：全世界都意识到韩国在四分之一个世纪发生了翻天覆地的变化。从此，在所有人的眼中日本不再是一个特例，韩国的成就证明了在资本主义的全球经济里加速发展的可能性。第二次全球化拉开了帷幕。

从此，逐渐普及全球的经济逻辑和以前大相径庭。生产将在全球范围内完成。科学技术、交通运输、信息交流、金融流通都取得了进步，这些条件促进了生产过程的细致分工。我们熟知的芭比娃娃、耐克运动鞋、戴尔电脑都证明了这一点：在生产过程中，管理、设计、零部件生产、组装和市场可以非常零散地分布全球。这个生产逻辑的核心是全球，国内市场的概念已经过时了，战略是转向出口，转向全球化的市场。在1989年11月9日柏林墙倒塌之后，如果说全球经济突然开始骚动不安，一点也不夸张：在全球范围，即使历史和政治条件千差万别，各国都着手进行新的战略部署。中欧、东欧和西欧牵手联盟，再一次证明了欧洲一体化途径的丰富性。其他亚洲国家在"四小龙"之后也纷纷登场：比如泰国、马来西亚和越南。

最精彩也最有影响力的例子当然非中国大陆莫属。邓小平从1978年启动改革开放，从初期的农业和城市粮食制度的改革到后来建立著名的经济特区（比如深圳）。邓小平在1992年"南巡讲话"，进一步深化改革。中国确认自己已经成为全球化的主角，而不是跑龙套！拉丁美洲的变化也同样值得一提，智利1970年在独裁的统治下启动改革，民主回归后继续深化；巴西因为恶性通货膨胀和债务危机失去了几年的发展机会，但信奉马克思主义的知识分子费尔南多·恩里克·卡多索（Fernando H. Cardoso）在先后当选财长和总统后对巴西进行了彻底的改革，成功地实现了现代化。

几年后，我们用BRIC来概括这个崭新的全球经济地图，即巴西、俄罗斯、印度、中国四个国家英文名字的首字母缩写（后来再加上南非成为BRICS）。如果把1990年代有目共睹的趋势稍加发挥，我们可以得出以下的结论。二十一世纪初，几年前难以置信的预言即将实现：不到四十年，"如果一切正常的话"（预言家谨慎起见），这四个国家有可能超过G7集团的经济分量！

从金融的角度，全球化首先有利于在全球范围内调整储蓄和投资，我们在金本位时代已经经历。一个世纪之后，全球化仍然扮演这个角色（给投资、工厂和基础建设等融资），但这次的全球化具有一个全新的维度，那就是吸纳发展中国家盈余的储蓄为发达国家的消费支出融资，和十九世纪的景象完全相反。由此我们得出了一张前所未有的对外盈余和赤字的地图，在亚洲和北美洲之间，贫穷的中国借钱给美国人消费；德国和欧元区其他国家之间的关系也如出一辙。赤字国家先是庆幸通过对外举债毫不费力地得到财富，但小心反击！在二十世纪末，金融形成了一个史无前例的国际扩张时期，全球的不平衡加剧，世界的流动性变得难以控制，汇率不再体现基本的宏观经济数据。应该回到纯粹货币意义的结论了:在浮动汇率时期,美元的命运提供了一条主线,我们可以沿着这条主线理解汇率金融化所蕴含的灵活性和风险。

汇率金融化

在汇率浮动的世界,货币的价值没有固定不变的标准,我们可以认为每一种货币都是有弹性的。然而,货币之间的关系及其相对价格的意义绝不含糊——即一国货币相对于另一国货币的购买力。比如今天有人强调美国竭力要求人民币升值会自食其果:首先,明天美国对中国产品的购买力会下降;其次,中国对美国商品和金融资产的购买力将上升。我们自古就知道,上帝要惩罚人类就让他贪婪吧!如果我们从长期的角度来看,美元在1971年放弃和黄金的汇兑标准之后相对其他货币有明显走低的趋势:以"实际有效汇率"[①]为衡量指标,我们惊讶地发现美元在二十一世纪初已经贬值40%!假设以1970年为基数100,2008年已下降到60。美元相对德国马克的贬值更加明显,1970年1美元兑换3.6马克,而到2009年8月就只能兑换1.4马克了(根据欧元和马克的固定汇率计算);顺带回忆一下美元与法郎汇率的走势:1美元在1970年兑换5.5法郎,而到2009年只能兑换4.67法郎。

在美元走低的过程中也穿插着几个大幅回升的片段——走低也好,回升也罢,都反映了美元作为国际储备工具的现实。但国际投资者每年对储备货币的表现做出的判断落差很大,正如美元的波动一样。第一次石油危机以后,美元的实际有效汇率从1973年的88上升到1976年的94,成为"石油美元"环流的主角。这是引

---

① 在所有贸易合作国的一揽子货币评估比价的基础上剔除了通货膨胀的影响。

入"安全投资转移"这个概念的第一次机会,它表现了美元在上升时期的吸引力。但好景不长,卡特总统的任期在地狱中结束,美元的实际有效汇率在1979—1980年又跌到78。在这段时期,美国财政部首次看到对美元的国际需求下降,在"日本第一"的时代,"国际投资者"拒绝绿钞(当时的交易还停留在纸钞)。之后,里根总统(Reagan)和保罗·沃克尔(Paul Volcker)遏制通货膨胀的政策让投资者重拾信心,美元又有了第二次反弹:指标在1985年回升到122。罗纳德·里根第二次竞选(1984)的口号是"美国回归",美元是一个胜利的象征。他以压倒性优势赢得了选举,当时人们不停地说,"市场比任何人都更清楚美元的真正价值"。然而,促使美元上升的人为因素越多,其下降的趋势就越是猛烈:美元在经历了令人眩晕的巅峰之后,指标从1988年的122迅速下跌到73。里根总统的光芒最终褪了色,美国遭遇严重的"双赤字"。1990年代初的美国经济平淡无奇,对生产力减速的研究越来越多,增长的前景遭受怀疑,储贷危机在市场种下混乱。美元重回下跌的长期趋势,指标在1995年再次回落到68。美元最后一次飞跃是克林顿-鲁宾-格林斯潘(Clinton-Rubin-Greenspan)"奇迹"产生的效果:"新经济"承诺建设新乐土;对投资美国回报率的预期在别处是无法想象的。这些预期再次成为强效的磁铁,在资本全球自由流动、钱包多样化的时代吸引着国际投资者。美元的实际有效汇率在2002年回升到93,接近1971年的水平:美元是否还能成为"和黄金一样坚挺的货币"呢? 相差甚远! 互联网泡沫的破裂使现实不如预想的那么光明,投资者被金融危机榨干了油水,对未来的预期谨小慎微,私人资本流动的规模缩水,关键是它的性质发生了改变,谨慎的投资者更加倾向于短期投资。在疑云密布的时期,美国最终还是靠各国央行(尤其是亚洲)购买债券弥补了大部分的赤字。在布什总统（Bush）的两届任期中，世界对美元的信心逐渐下降，2007年夏开始的金融危机在2008年7月将美元推向了历史最低点。

这段漫长的回忆让人不知所措，因为主角不是阿根廷的比索，而是国际货币关系的"枢纽"。在这里，我们必须指出美国国际收支平衡表人尽皆知的特点：资产部分用多种货币书写（比如跨国公司在欧洲的投资），但是负债部分享有"过度的特权"，仅用美元表示（比如各种公私债券）。如此的不对称让我们明白为什么会发生汇率的调整，为什么调整是循序渐进的。由此联想到的不是十九世纪末的英镑，因为当时英国和英镑凭借无与伦比的魅力和经常项目坚挺的盈余稳居国际货币关系的中心。我们更倾向于将当今的美元和两战之间的英镑进行对比，当时的美元已经成为英镑的潜在对手，"英镑平衡"（即海外积累的英镑资产）也危在旦夕。美国可以靠对全球的"吸引力"无止境地积累赤字，这个结论天真地忽略了无限积累对外债务不可避免的后果（经济学家称之为跨时预算约束）。比如美元资产的国际需求会持续上升，更简单地说，在中国或者石油出口国的储蓄会持续性盈余。教科书告诉我们，这会引起美元初期的升值和经常性赤字。这正是我们在世纪之交观察到的。但是长期来看，美元免不了因支付债务利息而逐渐贬值。在这里，我们要谈到美元和其他货币的替代度，因为它影响着汇率变化的速度：根据美元被替代程度的高低，贬值的节奏也会发生相应的变化；但是从静态来看，美元下降达到的最终水平固定不变。欧元（作为美元的替代）的诞生只能加剧这样的波动。

我们回到了特里芬悖论的核心，因为储备货币的命运实际上已经完全依赖于国际投资者摇摆不定的行为（我们假设储备货币能让那些寻求保护财富的最后一道防线的储蓄者，尤其是央行保持永久的信心）。这是全球化的主要方面，无论在今天还是上世纪初。全球化包罗万象：首先是新兴国家快速工业化，国际收支极度不平衡，巨额金融资源为保证国际收支平衡发生流动。此外，全球化导致汇率逐渐转变为一个变量，除了外汇管制的情况（比如在中国），这个变量无论在1990年代后还是在两战之间都遵循着某种金融逻辑。国际经济的教科书告诉我们，汇率是商品的相对价格，它的调整是为了平衡国际贸易收支；但这个道理已经过时了，今天的汇率是金融资产的相对价格，因此它受对金融资产未来价值预期波动的影响。美元的波动是这个新现实最显著的表现，它反映了半个世纪来人们常常提出的疑问：美国经济是否有能力兑现承诺，通过出售商品而不是通过债务无休止的增加来偿还债权人呢？弗雷德·伯格斯滕（Fred Bergsten）对此做了精辟的总结：美国在国际分工中选择了自己的位置，"中国负责生产商品，我们负责生产付钱的纸"！除了这个特征，我们还看到随着经济政治的周期性波动，国际投资者（不仅是央行，我们有时过早地赋予它裁判的角色）对美国模式前景的预期摇摆不定。资本的运动不再像十九世纪那样具有稳定的功能，它也不一定具有失衡的作用（正如我们经常指责的那样），资本的运动具有不确定性，它是瞬息万变的形势和在国际货币舞台上从未落幕的"选美比赛"的游戏（凯恩斯的"选美理论"）。在由金融流动调节的世界出现了新的变化，如黄金一般客观的评价标准消失了，对储备货币轨迹的理性预期也不复存在。浮动汇率体系的捍卫者认为浮动汇率是国际收支平衡自我调整的工具，但该体系的运行与此观点并不相符。当然，国际收支前后都是平衡的，但它的结构取决于对金融回报的预期，这些预期引起的极大波动让实体经济越来越难以承受，它还可能导致金融超速运行，甚至对外资本流动的突然中断（sudden stops），让国家政策的制定受制于对外约束波动的长期威胁。这一点越来越被明确地认为是对世界经济和贸易一体化持续发展的威胁。总之，国际货币问题已经掌握在投资者的手中，受其钱包选择和投资决定的影响。国际货币体系已然消失。

我们看到美元在前后两个货币体系中扮演了枢纽的角色——汇率"固定但可调整"的布雷顿森林体系和浮动汇率制。对这两个体系的分析印证了我们从金本位制得出的结论，尤其是对体系内在变化的假设。但有几点是和以前有所区别的。美元的经历比英镑更加复杂。美国实现了可持续的全球领导权，但是很快就拒绝承担领导国应当付出的代价。如果说1971年的国际货币体系经历了彻底的分化，那么它之后的重生可以说是"以万变换不变"。我们参照上一章的模式总结以下几点。

首先是领导国地位形成的问题。我们强调某国在实现经济领先和它的贸易金融或者军事战略在世界范围内产生投射之间存在时间差：美国在十九世纪末之前就已经成为世界第一经济强国，但七十五年后才实现无可争议且被普遍接受的全球领导权。对美国领导权的质疑和当年对英国的质疑有所不同：一是前者来得更快，美国的竞争力和经常项目平衡的问题在1960年代末就已经出现；二是对美国的质疑在一定程度上是可以逆转的，这一点出人意料。

和领导国并驾齐驱并不难，但要超越和取代领导国就不那么容易了，日本在1990年代后有过痛苦的经历。直到今天，美国衰退的模式和英国的遭遇还区别很大，或许是因为没有能和第一次世界大战相提并论的外部冲击来加快衰落的进程。毋庸置疑，美国的衰落是相对的，先前的伊拉克战争，后来（2007年）的金融危机可能有推波助澜的作用，但是"衰落"还远没有表现为绝对的形式，美国依然是无可争议的世界第一经济强国。当然，中国发展惊人，前景光明，它当然也不会甘居第二。这是和十九世纪新兴国家的另一个共同点，我们在后文还要提及。在二十一世纪初，全球经济的稳定机制已经消失：货币的发行权掌握在各国政府手里，它可以自由地行使这个权力来控制危机的蔓延；国际资本的运动是一个"非调整"的王国（这个教义在金融危机后被各国摒弃）；决定汇率的唯一因素是建立在预期之上的套息交易，它与经济基础毫无关系。我们进入了一个非常不稳定的时期，如果不下定决心用更稳定的体系组织全球化并采取行动，货币战争很有可能在二十一世纪再次爆发。

小 结

从十九世纪初开始，无论在英国霸权期还是在美国霸权期，全球经济都在开放经济的原则下运行。在这两个时期，生产、商品贸易和资本流动的飞速增长带动着全球经济，货币体系成为全球经济的根本。正如马克思在《共产党宣言》里的精彩表述，资本主义在全世界掀起了彻底的革命，它砸碎了旧制度的枷锁，通过开采自然资源并加以充分利用开创了意想不到的前景。这段历史也有黑色的一面：农村人口向城市急剧迁徙，城市无产阶级民不聊生，殖民地人民被纳入监管，金融危机频频爆发。在中心国和殖民地发生的社会政治斗争逐渐让资本主义承担起社会的责任；这个任务永远不可松懈，二十一世纪初金融危机不断的挑战证明了这一点。1914年前夕，第一次全球化已经成为事实，很多方面都可以和二十世纪后二十五年的全球化相提并论；但是国际合作没能顶住主要大国之间紧张局势的升级。各国的竞争先后表现为市场份额的争夺（1914年前）、债务的清偿（1920年代）和对大规模失业的抗争（1930年代）；最后各国从最狭隘的角度追求自身利益，这个总和为零的游戏导致了悲剧性的三十年，在这期间欧洲和美国将世界带入了一片混乱。在经济史上,这两个世纪带给我们的第一个教训是如果不实现全球经济开放,各国的封闭和隔离带来的最好结局是贫穷落后,最坏的结局是对抗冲突。没有幸运的反全球化。

第二个结论与纯粹经济学的教义相反,开放的国际经济不能仅靠自我调节的市场支配,它需要紧密的国际合作。后者首先体现在能保证市场良好运行的各种基础设施:比如技术标准(从通讯设备到集装箱的容积),保证交易速度和安全的法律和金融规则,规定商品、资本和人员流动的政治协议。但是,对国际合作最关键的需求体现在宏观经济层面。就这一点而言,美元统治的半个世纪比金本位时代更加波折,因为在十九世纪,国际收支平衡是国家政策的首要目标;而在美元的世纪,这个目标已经让位于各国内部的经济政治目标,其民主合法性长期受到"对外约束"及其所施加的调整的威胁。

第三个结论是对外平衡和国内政策的冲突只有在对国际收支盈余和赤字的结构进行分析后才能实现最优的量化;对外盈余和赤字一直存在,构成了经济活力的核心要素。但是债务可能失去控制,如果债权人长期没有警醒,过度的债务可能成为悲剧性金融危机的根源。于是,我们发现大量与"非调整"资本市场的运行相关的外部性:预期颠倒,资本回流,债权国遭遇资本流动的突然中断,危机的蔓延传递着悲剧,偿还能力逐渐萎缩,债权人无可挽回地面对违约的风险。此时,我们愈发感觉到迫切需要领导国和有效合法的国际机构。这是两战之间所缺少的,是它们的缺席(或者至少是它们的无力)成为今天影响全球经济未来的主要风险。G20集团是应对金融危机的一个权宜之计,它产生了积极的效果却半途而废;现在应该提出的问题是:主要货币(人民币、欧元和美元)之间是否有可能展开进一步的国际合作？货币的国际合作是否能在中国、欧元区和美国(世界经济舞台的主角)的战略部署中占有一席之地？

第二篇

多元货币的世界

为什么要推进全球化？因为它能提高人类的生活水平。为什么要产业结构调整？一般认为它可以创造具有更高技术含量、薪酬更优且数量足够的岗位。今天在大多数人眼里，这些希望都显得虚无缥缈。全球的不平等达到了一战以来的最高水平。金融管理这一沉重的负担压在了各国政府和人民的肩上。如何走出困境？重寻增长还是债务违约？世界各国又回到了国际舞台，根据自己的资源和目标进行战略部署：能源、粮食、原材料、网络安全……无所不及。国家利益的冲突不能产生任何积极的效果，因此世界需要国际合作。但是所谓的国际合作，无论在理论文献还是在每天的政治分析中，又或者在对公共观点的判断中都被认为是徒有虚名。这很正常。主权国之间正当无私的合作当然不是国际关系的自然形象。在大大小小的谈判中，各国的利益冲突决定了国际关系的格局；我们想到了关于气候或者国际会计协调的谈判。如果改革国际货币体系的想法仅是理论或者意识形态构建的结果，而不是主要国家利益趋同的需要，任何实质性的措施都难以启动。但是也不必过于悲观：1840—1914 年间以及 1944 年至今各国利益足够的一致性已经驱动越来越多的主权国家在一个开放的世界里互动。二十一世纪又会怎样呢？

第四章　人民币与强国之路

　　关于世界经济的重心正在向亚洲转移的说法已是老生常谈。西方世界经历的经济和金融危机无疑加速了重心的转移。中国的发展比其他任何国家都速度更快，势头更强，其经济增长率在2010和2011年重新恢复到两位数。很多人担心中国的活力产生压路机效应，引起西方，特别是欧洲（更确切地说是欧洲的工业）不可逆转的衰退。人们常说，中国很快就会成为"世界第一经济强国"；这样的推断有根据吗？在工业化国家看来，中国提出的挑战与其巨大的人口数量是相当的，后者从根本上改变了竞争的性质。反过来说，经济和金融危机在中国播下了怀疑的种子，老牌工业国家的增长前景受到质疑，因此中国出口市场的未来也要打一个问号。这样的局势迫使中国政府寻找新的增长动力。中国未来的增长机制是什么？它的成功需要哪些社会政治条件？中国共产党是否有能力继续深化改革？中国的致富一方面激发了它成为强国的愿望，另一方面也为其强国之路奠定了基础。中国在亚洲找回了历史地位，这引起了邻国的担忧：中国会在太平洋地区造成怎样的影响呢？中国将如何选择，去融入一个它没有参与构建的多极化世界呢？更具体地说，中国会如何管理对外金融关系？人民币的未来怎样？以上这些问题已经提出好几年了，引起了长期的争论。现在，选择的时刻临近了，2012年末中共十八大的召开迎来了十年一次的领导换届：新的领导班子上任了。他们将开启怎样的十年呢？中国再次崛起，它将如何出牌？

中国增长的两个新方向

中国在近三十年经历了两个翻天覆地的变化：一是从僵化集权的经济转变为对外开放的市场经济；二是从世世代代的农业国家转变成工业化、城市化、面向未来的现代社会。这两个转变还远没有到达终点，但它们已经取得了绝对引人注目的成绩。在进行分析和评论之前，我们首先应该了解中国取得的辉煌成就，让记忆的思绪回到起点：十九世纪屈辱的中国，二十世纪前半叶被瓜分的中国，还有1970年代经济一片废墟的中国。从1978年改革开放起，中国经济一直以平均10％的速度增长，并持续了三十年！今天，中国成为仅次于美国的世界第二大经济强国。为了对中国的现实有更清楚的认识，我们给这些抽象的数字添上几抹色彩：五亿人摆脱了贫困，贫困率从65％下降到不足10％；以前受饥饿威胁的中国在今天实现了粮食的富足；十五年内4000栋摩天大厦在上海拔地而起。然而，中国的增长是不平衡的。众所周知，东部沿海地区的增长速度大于中部地区；但如果我们将中国32个省（含直辖市和自治区）和全球214个国家相比，每一个省的增长速度都在全球遥遥领先。以下数据有利于展现中国日新月异的变化：世界十大银行有两个是中国的（也许很快就会有三个甚至四个）；六十个中国企业跻身《财富》杂志排名的世界五百强；中国有全球最大的高速铁路网,第二大高速公路网;无论国内还是国际航运,中国机场在全球都是首屈一指的;中国将人送到了太空,科技能力让人赞不绝口;最后一点也不可忽略,随着国民生产总值的增长,中国的军事能力也逐渐加强。

在每一个去中国做过调查或者了解中国变化的人(包括我自己)眼里,中国史无前例的增长模式透露着某种神秘:中国仅用了一代人(这代人在年轻时甚至还经历过红卫兵时代)的时间大手笔地改变着行为方式、经济活动、基础设施和城市风景。它是怎样做到的呢? 如此快节奏的变化实在让人应接不暇;当我 1995 年第一次去中国讲学的时候,北京只有一条绕城公路,第二条正在修建;但今天的北京已经有六环了! 让神秘见鬼去吧,经济学家一致认为应该找到中国成功的秘诀。首先有理论上著名的"后发优势",即落后国家可以效仿先进国家的尖端技术促进发展(我们在谈到十九世纪德国和美国后来居上时已经有所提及)。这是一个非常重要的因素(高铁不是中国人自己发明的),但仅靠"后发优势"显然不够,否则,中国应该和日本一样早在十九世纪就腾飞了(更不用说当时全球还有无数的经济奇迹)! 历史显然更加复杂。因此,越来越多的经济学家开始强调政策和制度的作用,从政治经济学的角度来分析中国的增长。很多人的结论和经济教科书如出一辙:中国的增长源于对所有权的尊重、私有化和市场规则。当然,邓小平启动的市场经济改革起到了关键的作用——他从改革土地制度和转变农民的生产活动着手。请注意,邓小平从来不搞突如其来的、带有意识形态色彩的改革,和俄罗斯总统鲍里斯·叶利钦(Boris Eltsine)正好相反。我们还记得这句美国格言:"不能两步跳过悬崖";中国走的是一条相反的道路:邓小平说"要摸着石头过河"。实际上,中国之路建立在实践主义和竞争机制之上(对一个社会主义国家而言,这的确令人震惊)。三十年的改革之路,是鼓励地方政府实施创新性计划,设立经济特区,在特区范围内促进私有部门的发展,吸引外国企业入驻;另外,对国有企业既不全盘打倒,也不一律私有化;对各城市和地区引入竞争机制,以较长的过渡期为条件加入世界贸易组织,逐步平稳地进行货币的国际化;总的说来,中国正在以既谨慎又大胆的方式开发一切有利于国家现代化的资源。很难概括这个混杂制度的特点,还是采用"社会主义市场经济"这个看似矛盾却很巧妙的官方说法吧;它是"实用主义"的另一个版本吗?"不管黑猫还是白猫,能捉老鼠的就是好猫",邓小平如此反驳保守派。这个原则实施了三十年并将继续传承,也许它是对中国经济政策最好的总结。

　　中国问题之所以令人着迷,除了它取得的惊人成就,还因为它的增长机制已经走到了边缘:中国走过了"荣光三十年",下一步应该别有洞天。的确,中国面临着许多挑战:比如经济增长的社会成本——中国的不平等高居世界前列;环境的代价——严重的污染、能源的浪费和水资源的威胁。另外还有人口老龄化的问题(可就业人口在几年内可能急剧下降)、对过度城市化的管理、大量中产阶级的需求(他们通过互联网获取更多信息,对政治问题更加敏感)。最后还有普遍的腐败现象,就连中国政府自己也认为这是对共产党制度长久发展的最严重的威胁之一。

　　经济学家常用"中等收入陷阱"(middle-income trap)来概括上述挑战的主要方面,这个概念是指很多国家用半个世纪达到了"中等"人均国民生产总值水平,但它们无法迈出下一步,加入发达国家的队列。这些国家似乎撞到了玻璃天花板,在发展途中经济受阻,甚至生产力倒退,因为经济政策无法回应"赶超后时代"面临的重重挑战。中国也难免与当年的日本和韩国一样遭遇如此命运,这足以证明增长转型应该被提上议事日程。实际上,在 2004年的党代会上就有人提出了这个问题和解决的方案。中国现在走到哪一步了呢?

从此,中央政府制定的经济战略正式建立在创新和内需两个新的增长点上。从技术的角度来看,中国不甘心将自己在国际分工中的角色完全定位在廉价劳动力上。就这一点而言,中国可以采用"雁行"发展模式,效仿日本、韩国和台湾地区成功的先例。"雁行"发展模式组织产业向更高附加值的活动变迁,也就是产业升级,这完全符合中国今天的意愿。西方应该料想到将和中国在新的产业上展开角逐,这些产业昨天还被认为是西方的专利,是牢牢建立在西方比较优势之上的特权;我们告别了这个时代。中国蓄势待发,准备和最先进的国家在高科技领域赛跑:高速铁路、通讯设备、卫星运载火箭;也许在不久的将来还有航天技术和核工业……

广东省的发展是一个典型的案例。邓小平在 1992 年"南巡讲话",强调坚持改革开放不动摇。他的纪念雕塑矗立在广州和深圳两座城市。"南巡讲话"之后,台湾地区和日本的企业大规模涌入广东,开发廉价劳动力创造的巨大优势。五十年前,深圳还只是一个小渔村,今天它华丽转身,成为一个拥有 1200 万人口的特大城市,工业区在几十公里开外不断延伸。但是,广东一直背负着"世界工厂"的负面形象,不可否认,它以前是(现在在很大程度上仍然是)最适合贴上这个标签的地方。然而,广东正在成为中国经济重组的实验室。一些高附加值的新型产业正在取代劳动力密集型的组装产业。华为和中兴通讯等企业正在成长为世界通讯的龙头,显然,研发是它们的活力之本。在广东省(这样的例子不胜枚举),我们可以切实地体会到新战略的意义。比如中央政府任命汪洋为广东省省委书记①，我们在他的身上看到了推进现代化的劲头。2009年的危机导致出口急剧下降，他没有怨天尤人，而是看到了机会："时机到了，应该关闭一些技术落后的工厂，将低附加值的产业转移到内地，或者迁到东南亚其他国家。总之，是开发新边界的时候了。"

中国的新战略向世界提出了一个尖锐的问题，中国是否接受在国际分工中仅占一席之地呢？也就是说，中国会选择在某些产业实现专业化而放弃其他产业，还是准备凭借巨大的人口储量全方位出击呢？与亚洲其他国家技术赶超的先例相比，中国经济的规模和巨大的人口储量引入了一个崭新的因素，那就是全面进军的能力，即根据产业的技术含量、人力资源的技能和薪酬进行产业升级，从发达的沿海地区向内地逐步实现新的大跃进。

中国的升级战略建立在海外市场扩张的基础之上；这是1960和1970年代的日本，后来的韩国，以及2009年金融危机之前的中国取得成功的一把钥匙。然而令人惊讶的是，中国的经济学家和官员对西方经济增长的稳固性和长久性忧心忡忡。中国政府相信（不是毫无理由的），家庭债务的减免和国家的预算问题会将世界经合组织成员国置于持续的经济困境。如此悲观的预期使中国未来的增长不能再如经济奇迹时期那样靠出口拉动。应该转变发展战略，有必要让"增长向内需转型"，这对中国和世界经济的未来或许是最关键的一步。中央政府首要考虑的（唯一真正优先考虑的）是社会稳定，因为它为政治稳定保驾护航。随着农业的现代化进程，进城务工的农民数量将以每年1000—1500万的速度长期持续

---

① 2012年11月，党的十八届一中全会选举汪洋为中央政治局委员，他不再兼任广东省省委书记职务。

增加。要吸收这批剩余劳动力必须实现每年 7％—8％的增长目标(该数据在上一届党代会后稍有回落)。我们得出以下结论:中国不会像日本或者韩国那样满足于逐步升级工业部门,它会更加彻底地改变增长模式,发掘内生增长的潜力。

增长转型的风险与困境

"增长转型"没有停留在口号上,中央已经做出决定并对改革的具体方式展开了讨论。难题就在这里。在"社会主义市场经济"体制下,如何让内需(即家庭的消费)拉动经济呢?"内需推动"的内涵和2009—2010 年相比发生了变化,不再是用消费刺激经济这样一个暂时的、人为的权宜之计,而是被提到了战略的高度。于是,问题就显得更为复杂。"我们不想成为希腊。"中国政府说。中国应该彻底地改变格局,这意味着改革要攻破的难题包括工资水平的确定、劳动力市场的运行、社会保障制度的建设、私有部门(尤其在服务行业)的角色、金融领域的转变等。这些改变岂是轻而易举?但重要的是问题已经提出。长期以来,工资在增值分配上做出了让步(旧模式以提高竞争力为核心),改革意味着共产党要扭转这个趋势,这在全球范围内尚属首次,无先例可循。中国经济向国内市场的转型是一个需要慎重考虑的假设;它能成功吗? 改革之路荆棘丛生,困难可能来自国际形势、金融制度、结构调整和政治立场等方方面面。

对一个更加富裕、灵活和开放的国家而言,第一个挑战是宏观经济政策如何回应形势的风云变幻,规避增长减速或者发展过快的风险。从 2008 年雷曼兄弟倒闭引发金融危机以来,中国进入了一个更加复杂的周期,政府有效地采取了调整形势的政策。与当时普遍的观点相反,中国经济和西方紧密相连;世界贸易的崩溃(从 2008 年到 2009 年初下降了 30%)对中国是当头一棒。根据官方数据,中国的增长率回落到 8%;实际上,中国经济受到的冲击比这个数据所显示的要猛烈得多;2008 年末到 2009 年初,我们看到电和钢材的生产低迷、石油消费下降、民工潮停止甚至回流。面对这些风险,中国政府很快实施了大规模的振兴计划。首先,对各项投资项目提供巨额贷款,贷款的增长如脱缰的野马,它起到了在工业化国家预算赤字的作用。其次,促进家庭消费和各级政府(中央和地方政府)大规模基础建设的计划很快得以实施并得到银行信贷强有力的支持(2009 年的贷款在一年内增长了三分之一)。最后,公共建设、企业投资、家庭消费等领域的经济活动也闪电般地做出回应。结果有目共睹:中国在 2010 和 2011 年的经济增长都超过了 10%。

　　然而,如此高位支撑的增长势头产生了危险的潜在效应。首先,它引起了食品、金属等原材料价格的飞速上涨,在 2011 年 7月,消费价格同比涨幅达到 6.5%。食品价格的攀升是主要原因,这对收入水平极低的绝大部分人口而言是一个非常敏感的问题。因此,政府对此十分谨慎。近十年来,中国在价格稳定方面的表现还是不错的,2000—2010 年间的通货膨胀率为年均 2%,和其他新兴国家相比还算相当温和(墨西哥 4%,巴西和印度 6%,印度尼西亚 8%,俄罗斯 12%)。但是,中国今天国内的环境发生了改变,社会反应也比以前更加激烈。中国政府密切关注这次价格的攀升,因为它有可能形成危险的价格-工资螺旋性上升,甚至引起民众的反抗。温家宝总理在 2010 和 2011 年多次发表讲话:"通货膨胀、收入分配不均和腐败贿赂足以对社会稳定构成威胁,甚至动摇政权",话说得再直白不过了。于是,中国人民银行从 2011 年起实行更加谨慎的货币政策,逐渐收紧贷款条件,逐步提高银行准备金率。2012 年中,货币流通量的增幅从 30％下降到 15％,通货膨胀率回到可以接受的水平(3％)。2012 和 2013 年,中国经济增长放缓了脚步,官方数据显示不到 8％(或许已被高估),这个数据背后潜伏着另一个风险,那就是对就业产生负面影响的经济衰退。政府仍然充满信心,因为它还有应对的办法。总之,我们回到了通货膨胀-失业这个经典的悖论:中国从此和世界经合组织成员国一样需要回答这个宏观经济政策选择的难题:应该在什么时候,以怎样的节奏刺激或者遏制经济增长呢? 受国际危机的影响,中国在最近几年经历了严峻的考验,迄今为止,中国还是赢家,但是它面临着比国际形势的冲击严重得多的风险。

　　拯救经济的计划本身加剧了当时还处于潜伏期的金融风险。中国近十年飞速的增长导致房地产行业出现了泡沫,其部分起源是恶性的。当然,房地产市场的活力反映了新市民的居住需求;但很大一部分原因是因为缺乏多样化的金融产品而产生的投资需求,房地产吸收了富裕阶层的大量储蓄,对他们而言,买房成了一种优先的投资方式,不是因为房屋本身带来的收益,而是因为它隐含的增值。在过度投资需求的推动下,出现了大量的空置房,房价飙升不下,中产阶级悲观失望。低利率(2011 年初,通货膨胀率为5％而存款利率仅 3％)和旨在刺激经济的大量贷款最终将投机的泡沫越吹越大。如果情况继续恶化,可能引起危险,尤其在增长速度突然放缓的时候;这种可能性提出了一个非常尖锐的政治问题:银行、中央政府和地方政府之间如何分担这个包袱呢? 这里所涉及的是一个比较传统的风险,中国的金融储备似乎可以让政府幸免于同银行贷款相关的威胁(2012 年末不良贷款的金额很低,风险似乎已经被调节到一个合适的水平)。然而更令人担忧的问题来了：游离于监管之外的金融业务来势凶猛，次贷危机后我们称之为"影子银行"。

实际上，中国的经济复苏计划提供了一个效仿美国金融技术的机会（这些方法已经在美国试验过了）。在中国，许多银行都成立了信托机构（受较少管制的金融机构），通过承诺高收益来吸收富裕阶层的储蓄和大型企业的资产。这些资源被投在一些以救市为目的的项目，根据惠誉国际（Fitch）的评估，2010年初信托资产规模不到1万亿人民币，年底就已经超过2.5万亿。于是，我们看到了增长转型困境的另一面。建立这些信托金融机构的目的是为创新型企业打开比传统国有银行更有活力的融资渠道。这个金融创新的初衷无可厚非，但在运行中却误入歧途，反而让传统经济部门受益，我们隐然觉得这条路和次贷有相似之处。追求更高收益的储蓄被投到一望无际的建设工程中（雄伟的高铁火车站或者壮观的机场），也许这些投资对社会是有益的，但是短期金融收益根本得不到保证。我们是否可以自问：储蓄的报酬只能来自新的投入吗？ 这样的机制（被称为庞氏链）因为伯纳德·麦道夫（Bertrand Madoff）的丑闻（轻信的客户因他破产）已经在金融危机的巅峰臭名昭著。2013年春，中国央行试图控制信托资本的流动，这一突然的举动严重地扰乱了年轻的中国金融市场。政府的反应确认了它对金融创新的严肃态度。和金融发达国家一样，金融创新需要金融规则和监管的快速发展，否则会给货币控制和金融稳定带来灾难，我们今天知道后果比传统的银行危机严重得多。

毋庸置疑，中国政府认为中国对西方经济危机的回应是一个巨大的成功，2009年以来各项政治报告都骄傲地强调了这一点：政府坚决的行动及其积极的政策效果都证明了中国有能力进行经济组织和战略选择。同时，中国政府也毫无保留地表明取得的成绩相对于 2004 年以来制定的战略目标还不够，即经济增长应该向内需拉动、创新和环保转型。原因是应对危机的紧迫性加大了转型的难度。诚然，对经济的集权式领导有利于采取果断有效的措施，总理以之为豪，但这也导致中国面临比之前更严重的困境，中国必须继续深化结构性改革。从原则上阐明改革的内容并不困难：它包括对国家角色的重新定位，逐步放开市场；但考虑到"社会主义市场经济"目前的进展（向市场经济的过渡实际上还停留在初期），每一项任务都举步维艰。

转型难，难于上青天

转型最主要的任务是从改革庞大的公共部门（工业和银行）着手对政府角色重新定位。大量研究表明这些部门效率低下，资源浪费严重。我们知道中国的投资率非常高，已经超过 50%，日本和韩国从未达到过如此高的水平。世界银行的研究证明仅需一半的投资率（即 25%）就可以实现同样的增长速度！未来的增长不能是这种模式的延续，应该逐步引入更多的竞争，淘汰过剩的产能（在工业部门的产能利用率仅 65%），放开对私有部门的约束（尤其要发展服务行业）。国家应该逐步退出商品和服务部门，采取新的干预原则，即提供一个发达国家必不可少的无形公共产品：法制安全、制度保障和监管……目前的重中之重当然是逐步放开要素市场。

第一，土地市场。这是最敏感的问题之一；在今后二十年里，土地资源越来越稀缺，对它的合理利用将成为一个重大的挑战。首要的约束当然是对十三亿多人口的粮食供给，还不能忽略城市人口的不断增加，他们通常聚居在特大型城市（如何让城市持续发展是 2010 年上海世博会的主题)。在这样的环境下,三个挑战迫在眉睫(它们相互联系):首先是长期的法制安全得不到保障,尤其体现在对私有财产的保护上;其次,可耕种土地经常被强制性地改造为城市建设或者基础设施用地(2003—2008 年 200 万公顷的土地被征用);最后是地方政府的行为,它们通过征用土地获取财政经费(地税的征收远远不够)。

第二,金融市场。金融部门尽管在近十年取得了惊人的进步,但依然存在大量的不平衡问题。目前的制度过度依赖公共银行体系,利率受行政管制,储蓄回报率不高,贷款的供给过度向公共部门倾斜,中小型企业(私有)的贷款定量配给,市场化融资的发展不足。在这样的背景下,应该对银行引入竞争机制、放开利率管制、加强金融市场的角色、增加吸纳家庭储蓄的渠道、发展金融风险文化、使用适合的调整和监管工具(我们看到了中国金融创新的活力,但监管还不到位);从长期来看还有央行的独立性问题;目前中国政府和央行的关系正如当年拿破仑和法兰西银行一样。

第三,劳动力市场。根据我们的观察,从 2009 年起中国就出现了劳资关系紧张的局面,尤其在某些地区(再次以广东为例)和外国企业的子公司。这是一个好消息。中国普遍认为工资上涨的压力反映了农民工流动的减速,因为随着经济复苏计划的实施,农村的就业前景和收入得到了改善。但我们离真正的劳动力市场还相差甚远,中国政府在这个领域面临着两个艰巨的挑战。首先是增长成果的分配问题(这是首次在社会主义体制下提出)。我们经常强调医疗、养老等社会保障建设的第一必要性,因为如果没有社会保障,就不会有家庭储蓄行为的改变,中国的家庭储蓄率过于偏高(2009 年底达到 40%),这在很大程度上是出于未雨绸缪的动机。政府已经采取了一些措施,目前 90% 的中国人参加了医疗保险,但保障水平还相当有限。我们回到工资水平的问题,中国在很长一段时间可就业人口的快速增长减缓了工资上涨的速度。中国的工资总额仅占国内生产总值的 40%,而这个比例在大部分国家达到 60%—70%。这就是中国消费水平不高的原因(仅占国内生产总值的 36%,处于世界和历史的最低水平),这样的局面只有通过劳动力市场机制的改变才能得到控制:这是一个敏感的政治命题,因为它需要提高劳动者的地位,改革有争议的户口制度,赋予工会更多的独立性。其次是人口老龄化问题,这是短期的威胁,它将在未来二十年里成为中国所有社会问题的背景,它让这些问题变得更加棘手:中国人的生活水平还需几年才能登上新台阶,所以中国比世界上任何国家的老年人对就业人口形成的压力都大。我们有时用"中国未富先老"来形容这个挑战。

通过对中国前景的大致展望,我们认为要成功地实现经济转型,必须逐步但积极地推进改革。各级政府每年都在重申改革的紧迫性,2012 年底召开的党代会也将改革提上了日程。但是最近几年改革的步伐放慢了,原因是应对危机的经济复苏计划又让"计划经济"抬头,从 2004 年开始的缓慢但持续的转型停下了脚步。这解释了为什么中央没有表现出十分"满意"的态度:外部环境更加复杂,更加不确定,中国应对的策略有些捉襟见肘;同时,中国的内部政治环境还有对改革持保留态度的观点:这是第四个困境,也是最严重的,因为它触及到中国政治生命的核心。

实际上,传统增长模式的支持者仍然非常具有影响力:出口商压力集团、实业家、沿海地区的分量也不可忽略。经济转型不可避免地会引起激烈的争论。一边是保守派:我们不应该改变目前已被证明成功的战略,尤其在如此复杂的国际环境下;另一边是现代派,在他们看来,危机是一个机会:应该让国家的产业升级,向市场引入更多的竞争，放开对外金融关系。两派之争的结果怎样呢？
我在这里不打算涉及政治和技术程序的细节，它还停留在非常模
糊的阶段（新的领导班子在 2013 年 11 月的十八届三中全会释放
了改革的信号），但我们可以辨别出两个主要的趋势（二者几乎是
矛盾的）。前任总理在同一句话里强调应该"继续推进市场经济改
革"，并且"继续最大程度地利用社会主义体制的优势，以有效的方
式做出决策，严格地组织生产、集中资源以便采取重大的行动"。
这个诊断意味着应该改革集权经济，因为在集权经济里，政治影响
难免会干扰市场经济规则。

　　因此，中国政府面临的最大困难不是狭义的经济腾飞问题。
中国具有增长的潜力，也明确规划了转型的蓝图，现在应该确定的
是中期目标。全球危机让中国出口市场的增长前景扑朔迷离，因
此转型改革更加刻不容缓。这一切错综复杂，引起了激烈的讨论。
最主要的困难表现在政治经济方面，因为中期目标不一定符合政
治战略。全球危机强调了计划经济的优势，在中国领导班子中也
有部分人认为权力的集中有助于应对风险和危险都日益增加的国
际环境。原则上，增长转型的目标已经确定，但不能保证以前的模
式不会卷土重来，那将导致对内和对外不平衡的不断加剧。经济
和政治权力的集中便于有效地应对全球危机，但不一定是经济转
型的最优方式，只有向分权和更加灵活的模式迈进，经济转型才有
可能成功。怎样在这个矛盾的问题上找到平衡点呢？"中国赌注"
是指我们现在认为悲观的局面不太可能发生，因为中国的应变能
力还没有枯竭。应该避免任何幼稚的心态，积极的态度不代表盲
目的信心；相反，既然国家已经开始切实有效地在经济转型的道路
上前进，各级政府和企业都应该采取行动配合中央促进改革。转
型不能仅靠内部的力量；在后邓小平时代，中国不能再如毛泽东时

代一样相信自己是命运的唯一主宰；未来取决于中国和世界的关系，厘清该关系的主线当然是货币问题。

人民币——一种介于两种体系之间的货币

近几年对人民币汇率问题的激烈争论从未间断。美国当局对中国政府逐步施压，要求中国承诺放开资本账户并让人民币升值。十年来，美国对中国的贸易赤字持续上升，因此国会反复地指手画脚要揭露中国不公平的行为。但是美国财政部渐渐地否认了"中国威胁论"，逐步确认了官方路线，改口称"中国没有操纵汇率"，这个立场在 2013 年春再次得到确认。中国方面承诺从 2005 年起让人民币逐步缓慢升值，但这项政策在金融危机期间被迫中断，又在 2010 年 6 月重新启动。然而几个月后，随着美国货币政策的转变（"量化宽松政策"），汇率问题又重新成为时事热点，中国开始使用"货币战争"一词，这难免令人担忧。在如此动荡的国际形势下，中国在汇率问题的立场是什么？人民币在新时期将扮演什么角色？中国政府会采取怎样的措施呢？

我们回到中国人民银行行长在 2009 年 3 月发表的讲话，他对美元的管理提出质疑，并讨论了"最有利于实现世界经济稳定和增长目标的国际储备货币类型"。他的讲话没有带来直接的政策，但这是中国智库专家思考和讨论的起点：国际货币体系的不良运行是否是金融危机的原因之一呢？中国能给出的正确答案是什么？是否应该让人民币走向国际化？以怎样的节奏进行？在一个多极化进程中的世界，区域一体化应当占据怎样的位置呢？对上述问题的自由讨论充分反映了中国领导层对经济政策的热情，这个现实常被西方误解。总之，中央领导坚信一个简单的方向：应该提高人民币的可兑换性和灵活性。但是当前讨论的核心是人民币国际化的模式和节奏。首先我们看看这个问题是怎样被提出的。

中国按部就班地在人民币国际化的道路上前行,首先它试图在双边贸易(尤其是与一些亚洲和拉丁美洲的贸易伙伴)中逐步提高人民币的使用。巴西和中国领导人在2009年发表共同声明,表示他们有意愿在更多的双边贸易中用本国货币结算,这个声明在很大程度上被认为只是象征性的,但它宣告了一个新纪元的到来。中国鼓励一部分出口商用人民币结算,逐步推进人民币结算政策。政府在五个城市(上海、深圳、广州、东莞、珠海)甄选了一些企业作为试点,允许它们在与香港和东南亚国家联盟的双边贸易中使用人民币结算。2010年7月,央行允许中国银行香港分行为大陆对台湾地区的人民币支付提供服务,这是对台湾地区和中国大陆于2009年签订的贸易协议的具体实行。我们不禁要问:"中国制造"这个符号将来是否会转变为"人民币支付"呢?可以确定的是,中国处于错综复杂的区域经济的中心,它的经济实力和在多方面的影响力改变了双边关系的性质,货币将成为这些转变的一个方面。

此外,中国央行还与阿根廷、白俄罗斯、印度尼西亚、爱尔兰和新加坡等国签署了双边货币互换协议,但这些行动的局限性也非常明显:用人民币向海外贷款意味着一旦人民币失去了可兑换性,贷款只能用于购买从中国进口的商品。在金融层面,香港的银行可以发行人民币债券,这是人民币走向海外市场更有意义的一步。外资银行可以从大陆投资者手中用人民币借款以支付国际贸易。根据中信银行提供的案例,中国国家开发银行于2010年发行了人民币存款证(金额为1亿元),这是内地银行首次有此类举动。中国以试点的方式逐步放开对汇率的管制,允许一些大型出口企业保留外汇收入(以前这些收入应该立即兑换并返回中国)。总之,中国政府正在频繁地采取行动逐步扩大人民币的国际用途。

显然,这些行动都受到了渐进主义的影响,这也是符合逻辑的。首先要熟悉政策的概念和技术,第二步进行讨论,然后试点运行,最后观察结果。这样的步骤具有实实在在的意义,不足之处是可能会在很长一段时间停留在试点阶段,以致最终的效果微乎其微。从2009年7月《跨境贸易人民币结算试点管理办法》公布以来,以人民币结算的交易已经达到将近120亿元,占中国对外贸易的0.1%。中国的对外贸易、对外直接投资和公共援助形成的货币流动快速增加,潜在地扩大了人民币的国际用途。真正的转变在于人民币的可兑换性,这或许是让人民币在国际投资者眼里更具魅力的一个必要非充分条件。那么,2010年是否能算人民币国际化的第一年呢? 我们引用一句中国的谚语来回答:"千里之行,始于足下。"这一切都表明中国政府在人民币可兑换性问题上继续以最谨慎的态度前行。货币的国际化是一个重要的转变,但这个转变不会让盈余国家感兴趣,日本或德国一贯的表现证明了这一点。它们当时也可以采取类似的战略,可为什么没有呢? 肯定是有原因的。显然,这和其他国家普遍持有短期债券所蕴含的风险有关。美元和之前英镑的经历表明,由于预期的不稳定性,短期债券可能带来汇率的巨幅波动。中国政府最不希望见到的就是人民币汇率出现巨幅震荡(比如欧元在十年内从0.86上涨到1.65美元)并进而对实体经济(工业专业化和劳动力流动)产生影响,更不用说国际环境对中国内部政策实施的杠杆作用。稳定第一,中国政策具有的绝对强制性在汇率管制方面表现得尤为突出。它要求汇兑平价的变化必须循序渐进,但经过多年的累积,效果也日益明显——人民币在十二年内实际价值已经上涨了30%。

在这样的形势下,我们应该料想到中国一直保持的巨额盈余会逐渐减少，中国将以各种方式获取大量的国外资本。但从今往后，比资本数量更重要的是资本的质量(这也是中国最关心的)，即资产(尤其是对外直接投资)的多样化，这样才能规避通货膨胀的"飓风"，保证巨额储备的安全。美国的"量化宽松"货币政策(所有专家都强调该政策的直接效应是美元的贬值)给中国政府提供了一个出乎意料的机会——对美国"货币操纵"的指责予以反驳。但是事情不止于此。实际上，这个新的货币教义让中国更加担心以美国为首的西方国家可能试图通过通货膨胀减轻自己的巨额债务负担。一些评论家在绝密的国际会议上甚至说中国已经认为美国"决定在债务上违约"，如果这还不算是货币战争的前夕，那也相距不远了！这说明中国央行行长的声明在多大程度上是先兆性的，虽然它没有产生实际的后果。

在这样的情况下如何推进关于国际货币问题的对话呢？首先，经验表明对中国政府施压是徒劳无益的；也许可以从以下两点进行分析(以往切入问题的方式带有过多的情绪化)：

1. 在汇率问题上，西方应该纠正明显引起中国误解的行为。西方之所以认为人民币应该升值，从根本上说是从汇率影响国际贸易的角度来考虑的。可这在中国被看作是西方不怀好意的、带有削弱中国动机的施压，正如美国当年通过推动日元升值以打击日本一样。对中国而言，最糟糕的莫过于重蹈日本的覆辙，不幸地经历"失去的十年"。这是一个危险的解释，因为中国和日本走的道路截然不同，日本对"非持续性"发展道路的纠正太迟了，它从来没有真正地进行过"经济增长转型"，继续保持着大量的对外盈余，最终不得不求助于同样巨额的公共赤字以支撑疲软的国内需求(见前文关于日本的介绍)。

2. 关于"全球不平衡"的问题。中国坚持简单而单纯地认为全球不平衡是美国宽松的财政和货币政策的反映,这个观点显然偏离了现实。的确,没有任何纠正机制能阻止美国的对外赤字走向疯狂——这是"领导货币"过度的"特权";但是我们也不能当真认为中国外向型、以重商主义为核心的增长模式不应该承担部分的责任。持续且大量的对外盈余不是经济成功无可辩驳的证据,它也反映了中国拒绝在国内分享增长进步的态度或者在这方面的无能。

从根本上说,人民币的逐步升值已经提上了日程,在增长转型的今天,它也是符合中国自身利益的。正如我们在上文所指出的那样,人民币的升值尤其有利于缓和通胀压力。这是一个正确的策略,因为在一个金融市场还不够发达的国家,突然开放资本账户可能会适得其反,成为发展的阻力。这个观点更容易被中国政府接受,即使反对货币名义升值的呼声依然强烈——从2010年6月起,中国的人民币升值政策再次回归谨慎。因此,赌注也不应该全押在货币的名义升值上,有些人简直就像得了强迫症似的纠结着这个问题。实际上,在对增长转型的讨论中还有比人民币名义升值更加重要的两个机制。首先,工资水平应该随着生产率的提高而上升,这会对国际贸易产生积极的作用。将这个机制作为优先考虑的问题是有益的。因此从中期来看,中国增长转型是减少贸易盈余最直接的方式,在许多专家眼里,这是比货币升值更有效的方法。因此应该向前更进一步:无论以什么理由作为借口,说工资只是"社会"问题也好(这是错误的);说增长成果的分享反映了国家偏好也罢(这仅在满足某些条件时才是正确的),生产率-工资这个问题在多边壁垒、G20集团或者在国际货币基金组织引起的关注远远不够;我们完全可以做得更好。其次,我们应该换个角度来看汇率问题。实际上,要调整贸易收支平衡,重要的不是货币的名义平价而是实际汇率,也就是用通货膨胀率纠正过的汇率。因此,我们可以这样认为,中国的通货膨胀率虽然得到了控制但高于贸易伙伴国的水平,这对汇率的实际升值是有积极意义的。总之,我们从长期的观察中看到了显著的影响:以 2005 年为基数 100,人民币相对于美元(同样相对于欧元)的名义升值达到 20%;但是如果我们考察实际汇率,用可比较的通货膨胀率(以小时工资成本计算)纠正后的人民币升值在同期已经达到将近 50%。最后,随着工业生产率的提高,工资更快的上涨会带来双重影响,在中长期应该通过这个双重影响来纠正全球的不平衡。如果不走这条路,令人担忧的是全球不平衡将不断蔓延,仅靠货币这个"唯一"的药方来医治会走进死胡同,或许还会产生经济和贸易冲突。因此,我们肯定地说中国增长的未来和货币问题密不可分。

总之,中国的飞速发展正在以史无前例的方式改变着世界经济和国际关系。中国的影响无处不在。用耸人听闻的话说,有人甚至已经将中国描绘成迫在眉睫的威胁。我们会在后文解释这样的谴责是错误的,也是危险的。中国关注的重点是如何持续发展;寻求国际国内的稳定是中国各种选择的根本。的确,西方有些失望,尤其是欧洲,因为事态的发展似乎不受我们(西方人)控制了;这种失望的情绪应该自己想办法克服。实际上至少还有两个重要的疑问。首先是对中国经济真实实力的争论。二十年来,我们已经习惯越来越关注中国的成功,因此夸大其词似乎也是情理之中的事,以至于我们很快总结出中国在不久的将来会成为世界第一经济强国。这种说法不是没有可能,但也具有一定的欺骗性,不管怎样,这是对中国在社会、金融、环境尤其是政治领域的巨大挑战的视而不见。相反,另一些人将这些矛盾放大,认为以上问题会导致中国的崩溃,因为中国经济已经被过度的原始积累模式绑架,被共产党体制锁定。排除这些极端的观点，我们可以更可靠地展现一个折中的情景——中国增长的转型会让内部活力逐渐扮演更加重要的角色。无可否认，金融危机对这项战略的实施带来了消极的影响；恢复对集权经济的信心可能引起倒退。如果新的领导班子继续现有的政治体制，它也意识到改革的必要性。在经济层面，这要求我们慎重考虑"增长平衡"的假设，因为它符合中国的利益，这个假设具有广泛的号召力。新领导班子的组成（三个改革派代表占据着最重要的经济职位）和它传递的信号正在朝这个方向迈进。没有证据显示中国二十年来所表现出来的惊人适应力已经枯竭，尤其是在金融货币领域。中国捍卫自己的利益，这一点无可厚非。也许，它在不久的将来会成为用国民生产总值衡量的世界第一经济强国，但这只是总量的反映。当然，中国会继续蒸蒸日上，但离超级大国还远隔千里；中国不是威胁，也不能企图成为世界领导国；它甚至还面临着巨大的挑战。如果我们要在未来几十年保证货币的和平，中国会是一个主要的合作伙伴，原因无他，只因它从中受益。

第五章　欧元与治理之方

　　欧洲在二战后选择的道路是史无前例的：通过广阔的共同市场在世代的仇敌间建立起持续的和平。欧洲共同市场诞生于1957年，却在1970年代后陷入险境，原因是美元的衰落引起了国际货币的紊乱。为了消除汇率的波动，欧洲应该在共同市场创立单一货币。于是，欧元登上了国际货币的舞台，它被视为抵御美元波动的保护伞，而不是潜在的对手。这既是一个富有远见的计划，也是一次大胆的赌注，因为货币通常被认为是国家权力的表达。正如外交和国防一样（这二者都是欧盟缺少的），货币理所当然是一个主权国的传统属性之一。西方国家的现代史表明内部市场的建立常常伴随着主权的巩固。最有说服力的例子是德国和美国，这两个国家在十九世纪一方面对内确保贸易自由（这是美国宪法的重要条例，也是联邦权力的基石之一），另一方面对外实行绝对的贸易保护主义。欧洲在1990年代选择了一条截然不同的道路：开放内部市场，降低对外贸易壁垒，创立单一货币……但却忽略了经济治理。这是一个现实的赌注吗？为了更好地应对主权债务危机，预言欧元的未来，我们需要做更加详细的分析，考察欧洲建立

非国家货币的选择。欧元区刚经历了一场严重的金融危机，我们
需要重新审视这个纯经济学范畴的问题：这次危机是经济理性对
政治意愿的报复吗？或者这"仅仅"是青春期危机？欧洲经济货币
联盟的协调尚未得到充分保证，危机随时都有可能发生。但我们
可以通过建立恰当的治理机制来加以完善——亡羊补牢，未为晚
也。青春期危机的解释才是正确的。

一种非国家货币

切入问题最简单的方法是重新权衡单一货币的利弊。它的优
势很多而且显而易见。首先单一货币降低了经济学家所谓的"交
易成本"。在现代经济社会，我们甚至都没有意识到这一点，因为
所有的交易结算都非常便捷，原因是使用了普遍接受的支付方式，
成本十分低廉。总之，创建单一货币的第一个优势是在巨大的共
同市场消除了工商和金融业的汇兑成本。大量的研究对该收益进
行了量化估计，它相当可观且绝大部分都已实现。另一个优势是
终结了汇率的波动。我们经常低估企业在出口业务中面临的汇兑
风险：成本由本币衡量，价格由外汇确定，风险由出口商承担。假
设买方货币突然贬值（如果索罗斯决定用里拉兑换法郎），法国出
口商的本币收入就可能下降5％—10％，甚至更多。当然，我们有
规避这些风险的金融技术，它甚至是被强烈谴责的"金融创新"的
主要方面之一，但和所有的保护措施一样代价不菲。第二个优势
同样不容置疑并已经实现。谁还想回到一个从巴黎到阿姆斯特丹
或者那不勒斯需要出示护照并且兑换货币的欧洲大陆呢？但我们
在对单一货币结构优势的评估上似乎犯了乐观主义的错误。出于
对竞争的过度信任，我们认为对所有在欧洲生产的商品及服务用

欧元标价有利于价格的直接比较,这无疑是正确的。但如果认为价格上升比竞争国更快的国家会想方设法降低成本,这就过于乐观了。如果十年后出现严重的竞争力问题,根源就在于此。

单一货币的弊端主要表现在对货币主权的放弃,换句话说,从今以后不能再通过货币贬值来弥补经济政策的失误。这意味着各成员国的价格和成本的走势必须具有某种趋同性,各成员国应该实行几近一致的结构性政策,至少不能截然相反。那些在过去与"对外约束"相冲突的、不具有持续性的"错误"政策将付出更大的代价。比如,在货币联盟中任由生产成本上升是非常危险的,应该迅速将价格调整到竞争国水平,否则就会被逐出市场。我们有必要在这里稍作停留,它在法国还引起过激烈的争论。二战后,法国"复兴计划"出台了严格的预算紧缩政策,工资水平停滞,社会底层的生活每况愈下,法郎每隔十年到十二年便经历一次贬值。但是在研究"独立"货币政策的局限性之前,没有人(尤其是经济学家)敢肯定它的优势:其实货币的独立性在很久以前(即单一货币诞生之前)就已经消失。从1970年代起,欧洲的货币政策唯德国央行马首是瞻,其他国家满意与否都无济于事。我们确实常常对经济政策做出选择,无论在预算、工业、社会还是在金融领域;有些立场更倾向于市场和供给,另一些则更注重公平和社会福利。这些争论无处不在(在上一章我们看到中国也面临同样的选择);但愿我们不会说"禁止"讨论经济政策,这很荒唐。然而,法国是世界上唯一一个还在继续对"另一个政策"(其内容从未被阐明)进行乏味争论的国家,这样做只是为了挥舞一面陈旧的意识形态的旗帜。实际上,在货币主权已成幻想的国际环境下,欧洲国家签署了《马斯特里赫特条约》,同意放下纸糊的武器,对单一货币燃起了新的希望,期待它能更好地抵御投机性威胁和国际金融冲击。这正是欧元所带来的，它至今仍扮演着积极的角色。如果没有欧元，我们能想象在2008年9月金融危机后欧洲货币的混乱吗？各国货币的稳定性会立即受到质疑，其金融体系也会被认为如履薄冰，法国几乎没有可能成功地走出这场风波，1980和1990年代已经有过许多类似的例子！这些考虑不无道理，我们可以断定单一货币是走出全球化货币灾难的最佳出路。但是，我们也不能过于相信所有的欧盟成员国会自发地趋同，这不现实，因为根深蒂固的传统和特点已经阻碍它们在一个整齐划一、纪律严谨的模子里迅速融合。

　　总结欧元利弊纷争的常用方法是考察实行单一货币政策的地区是否构成一个"最优货币区"。这个问题在危机的背景下自然又成了热门话题。切入问题的角度对理解货币联盟的未来非常具有启示意义。对最优货币区的研究最早出现在美国，表面上是学术探讨，实际上却是对欧洲政治计划的直接批评。很多人认为欧元的创立是为了针对美元，他们有充分的理由解释这个创意华而不实，他们也知道如何进行看似周密的论证。一个理想的货币联盟应当具备以下条件：首先，联盟内的贸易往来应该密切，1990年代的欧洲共同市场满足这个条件；其次，联盟内生产要素应该自由流通，资本和劳动可以从一处向另一处自由流动；最后，还需要有联邦税收制保证联邦政府对有困难的地区进行援助。透过这些确凿的经济学论据，我们看到它影射的是今天的美国。我们知道欧洲居民不具有高度的流动性，比如在西班牙和芬兰之间。我们同样也知道德国不愿意谈论联邦税收制。因此欧洲作为最优货币区的假设应该退出。如果说这些论据是一种警示，当然是受欢迎的，并且从某些角度看来也是中肯的。但如果认为这些论据可以驳斥在1990年代确立的欧洲货币联盟计划，那就误解了纯粹经济学分析的权力。越是容易证明临时组建的货币联盟的失败（我们联想到在1930年代以法国为中心的货币联盟），就越难找到一个能与欧洲单一货币相提并论的计划。我们知道这个计划诞生的时间是在广阔的欧洲共同市场运行了三十年，经常面对汇率波动的各国政府形成货币亲密关系二十年之后。再换个方向来思考这个问题：到哪里去找一个具备最优货币区条件，并突然决定组建真正货币联盟的区域呢？它还不存在。简单地说，最优货币区不是天生的，它是在政治动机下逐渐演变而成的。换句话说，货币区的最优性应当是稳固的货币联盟计划的结果，而不是它的先决条件。如果我们不经意地想到美国，应该知道是一场残忍的内战说服了南部，几十年后随着国际货币基金组织的成立，美国南部和北部才联手形成了"最优"的货币区；许多南方人还怀念美利坚联盟国，在二十一世纪仍挥舞着当时的旗帜，他们从来就没有心悦诚服！

最后，我们可以在对"最优货币区"的争论中看到决策者的信念（它有幸得到了相关文献的支持）。他们坚信争论的重点应该放在如何以内生的方式创造能保证货币联盟良性运行的条件（并不是所有的条件都具备）。货币联盟是一个妥协的结果，我们创造一种货币，这是一种非国家的并立即在国际舞台上得到承认的货币，它没有后台，没有预算，没有国库，也没有经济治理。法国提出的"经济治理"被德国驳回，因为它怀疑法国暗地里存有私心。货币联盟的建设最终只能靠成员国的共同智慧，但规范共同智慧的工具（尤其是《稳定公约》）就像脆弱的防线。在公约签署后十年内，法国曾四次，德国曾三次僭越了这道防线。或许应该引以为戒……

希腊的国民生产总值仅占欧元区的2%，它在2009—2010年冬陷入的公共财政危机本来能够（也本应该）得到控制。但是，危机不断蔓延，在几个月内对整个欧元区都构成了威胁；它逐步演变成一个系统性的风险，在 2011 年 11 月召开的 G20 集团戛纳峰会上成为了主要议题；货币联盟在 2011 年 12 月如临深渊。这个偏离变得难以控制，其根本原因是欧元区的制度没能主动地适应当时的情况。因此，在应对危机的同时应该推进新的制度，不仅要规范当前的金融问题，还要展望欧洲税收和政治的未来：我们理解各国政府的犹豫不决！欧元区对危机的治理如此混乱，这主要反映了两个核心问题：我们这两年选择的道路模棱两可，是因为应急的政治措施缺乏明确的目标吗？逐步做出的决定是否表明欧元区在逐步走向真正的经济治理呢？问题简单，但答案却是复杂的，因为欧洲的危机是多重问题的交点：市场的压力、法律规则的实行、民主的控制、银行部门的稳定、公共舆论的分量。面对这样杂乱无章的局面，纯粹经济学的角度显然是不合适的；如果有某个学派关注经济、金融、社会和政治领域令人着迷的互动，欧洲问题无疑是一个经典的案例。

主权债务危机——走向深渊的一步？

要衡量我们走了多远，应该回到起点——即希腊问题的出现。2009 年 9 月，新上台的希腊政府承认账本已被"美化"多年，并公布了骇人听闻的赤字和债务水平。对该事件的第一反应是怵目惊心，尤其是德国，它认为对共同规则的违背就是最卑鄙的弄虚作假。我们应该还记得（现在想来甚是遥远！）马斯特里赫特条约明确禁止对成员国进行任何救助（被称为"不救助"条款）。已经为德国统一做出牺牲的西德纳税人反对再次掏腰包去援助希腊，这也是完全可以理解的。因此，德国需要几个月的时间来消化第一反应——"让犯错的人自己买单"，需要几个月的时间逐渐认识到对希腊的救助也符合德国储蓄者和纳税人的利益。第一阶段的高潮当属 2010 年 5 月德国总理默克尔发表的讲话，她几经犹豫后在德国联邦议院前挑起了重任，开启了第一轮援助计划。在金融层面，欧洲金融稳定基金(FESF)的成立迈出了重要的一步。但是援助计划的内容反映了非同寻常的意识形态和政治压力，这样的压力极大地影响了第一轮妥协(FESF)并将继续影响后续的援助计划：效仿国际货币基金组织的做法，我们需要在政策实施三年后对其进行评估，但我们经常天真地忘记金融选择已经被政治甚至政客式的考虑过度干预。援助计划决定按"市场条件"对希腊进行有条件的贷款；这无非是为了安慰德国的纳税人(即选民)，他们当时正在开展地区选举。这个条款本身就是荒谬的(不久后被部分修改)，希腊之所以需要欧洲的支持，是因为市场条件已经彻底瘫痪。这是第一个结果，继马斯特里赫特条约后向前迈出的第一步，却因为漫长的拖延犯下了第一个严重的错误。

　　欧洲金融稳定基金的出台太迟，它过于单薄，尤其是应急性过于明显，对市场的说服力自然不够；我们很快就发现这个仅覆盖 2010—2013 年的解决方案远远不够，应该确立一个长效机制(即《欧洲稳定机制》)。德国政府不得不立即重新考虑，判断所谓的"紧急"情况原本是为了在法律层面为欧洲金融稳定基金对马斯特里赫特条约的违背寻找理由，如今已经名不副实了，德国宪法法院将对任何追加的"救援"计划宣告无效。不管怎样，德国政府面对选民的各种反应不知所措，在私有部门介入计划上(PSI 或者"希腊剃头")态度坚决：还有什么比让那些缺乏警惕的人买单更正常的呢？第二个阶段的关键时刻是法德首脑在多维尔的会晤，萨科齐总统(Sarkozy)不顾法国国库的意见，接受了德国总理默克尔的提议。第二天，欧洲理事会在布鲁塞尔召开会议；需要说明的是，这是理事会议（即制定内部政策的机构），而非峰会（如 G20 集团一样具有外交性质）；英国人从来就没有区分过这两个概念！尼古拉·萨科齐在布鲁塞尔支持私有部门的介入，平息了在其合作伙伴中酝酿的对默克尔要求的反对情绪，作为回报，布鲁塞尔和柏林没有启动反对法国"过度赤字"的程序。如此达成的妥协没有牢固的基础，必定酿成灾难性的后果。这是第二个结果，对怀有金融正统观念的纯粹主义者来说是无法想象的，因为从此对欧元区处于困境的国家进行救助的欧洲机制已经确立。这也是犯下的第二个严重错误，因为已经直言不讳地对主权债务的投资者宣布他们将损失惨重！这是一个恶魔般的宣言，因为南欧国家已经染上了危机，它们需要创造进入金融市场的最优条件。法国国库、欧洲中央银行等许多机构都试图避免这样的煽风点火，但是徒劳无功，因为罪恶已经种下，它让投资者气馁，提高了利率和风险溢价，启动了衍生市场上绝妙的投机：从此，欧洲政策在一年多时间里完全听从信用违约互换（CDS）的指挥，这些衍生产品无时无刻不在计算希腊、葡萄牙、爱尔兰，很快要加上西班牙等国家违约的概率。

　　2011 年春，希腊再次受到关注：由于缺乏支撑实体经济的措施（希腊本可以通过申请欧盟的其他资源来刺激经济），救援计划使希腊经济陷入了严重的衰退，点燃了民众的不满情绪，税收再度减少，吸收债务的希望越来越渺茫。第二轮援助计划（力度不亚于第一轮）被提上了议事日程。这一次德国该实话实说了：应该由希腊的主要债权人（也就是银行）买单。问题进入了白热化阶段：私有部门的介入是"自愿"的吗？我们能避免将启动信用违约互换支付的"信用类事件"吗？信用评级机构认定违约（即使是选择性的）会带来什么后果？银行部门的亏损将达到怎样的水平？它能吸收这些亏损吗？7 月 21 日欧洲理事会达成的"跛脚"妥协透露着犹豫的痕迹。理事会决定对希腊进行新一轮救助,但是私有部门的介入在金融界不受欢迎。债务的轻微减轻不会置银行于险境,这样最好;但它给希腊带来的缓解也必然是微乎其微。总之,我们一直没有找到解决的方案。但对金融界来说,最重要的是禁忌已经消除,已经破釜沉舟:市场从此知道即使世界经合组织的成员国也有违约的可能。之后的一段日子仿佛跌入地狱。因此应该尽快让达成的协议更具说服力,议员们还在度假,投票推迟到秋季;国际形势迅速恶化,对新一轮衰退的恐惧再次显露;最后一点不可忽略,意大利总理和财长的意见相左,而后者被认为是意大利控制巨额债务(GDP 的 125%)的希望。七月底,欧洲陷入恶性循环,一方面要对主权债务进行重组(从此被认为是不可避免的),另一方面作为主要债权人的银行业境况堪忧;国际货币基金组织的新总裁直言不讳地宣布:欧洲银行部门必须马上进行资本结构调整,这可谓是火上浇油。市场的信心从来没有如此低落。

　　九月,德国传来巨大的喜讯(我们曾忐忑地期待);另一个消息虽然不那么令人愉悦,却也在意料之中(如果我们对事情的进展了如指掌的话)。喜讯是联邦议院对 7 月 21 日的计划以压倒性多数通过。我们反复说德国人被合作伙伴不严肃甚至卑鄙的态度激怒,他们准备放弃欧洲团结的信念。事实并非如此,完全不是,议员们出乎意料地表示他们愿意拯救欧元,为欧元保驾护航,这是体现民主精神的出色的一课。诚然,德国从中受益,它管理危机的方法并非都药到病除,但很明显在救援计划中,德国承担了最大的风险。国际金融媒体希望看见欧洲最终采取"巴祖卡"措施(即欧洲金融稳定基金追加至 2 万亿欧元,或者让欧洲央行转变为真正的最后借款人),但这是不可能的;柏林不会对刚刚投票的结果推翻重来,应该围绕七月的协议进行修饰。10 月 27 日,经过几周疯狂的谈判,在布鲁塞尔再次召开的理事会达成了一揽子协议。协议在周三被采纳,周四赢得了市场的掌声,但它带来的希望仅持续了一个周末的时间,因为在 G20 集团峰会召开的同时,希腊宣布就欧盟第二轮援助计划的可接受性进行全民公投,翻开了荒唐的一页。德国总理和法国总统突然回应说希腊的选择当然应该被尊重,如果投票不通过的话,他们唯一的优先考虑是欧元的命运和成员国的利益:第二次破釜沉舟。"希腊退出欧元区"首次被正式提出。紧张的局势一直升温到 12 月,南欧国家(西班牙和意大利)受到直接的冲击,他们在债务融资问题上真正碰壁了。《经济学人》的封面"欧元区大限将至?"引起了轰动,它淋漓尽致地表达了市场的精神状态,但也很快招来了反驳。

欧元区从来就不是一个最优货币区,它的金融和经济治理长期被诊断为气血不足,这一次却下达了病危通知书。一方面,货币联盟的一体化程度足够高,以至于一个成员国的困难会对合作国造成深刻的影响(比如希腊储蓄者的资产转移到德国的银行,这也是德意志银行在欧洲央行账户盈余的原因);另一方面,政治层面的一体化程度远远不够,因为我们在欧洲内部严重的不平衡面前无计可施。马斯特里赫特条约采纳了不完美的解决方案——货币联邦制加上具有跨政府性质的稳定条约。和《金融时报》社论的作者所见略同,所有怀疑欧洲一体化的人在十五年前就坚信共同货币并非良策,坚信它永远不会问世。他们在主权债务危机中看到了重回这个话题的机会,从 2010 年夏就多次预言欧元一步步的失败只会引起货币联盟的分裂。除了错误和拖延,上述原因也解释了金融市场对欧元区的悲观态度(这种情绪还日益高涨)。我们在这里稍作停留。既然这些攻击源源不断甚至火力十足,欧元应该经历加速的贬值,尤其相对于一直被视为具有"避难价值"的美元。毕竟我们凭经验知道什么是"脆弱"的欧元：在 1999 年 1 月（当时的汇率是 1.19 美元）问世的第二天，欧元就开始贬值，一直到 2001 年夏汇率跌到 0.86 美元。2011 年，我们原以为会看到一个类似（或许更加显著）的跌幅，这很有可能成为单一货币的死亡判决书。如果是这样，德国或许会后悔放弃马克（曾是德国的骄傲），试图退出欧元区。尽管对未来的预期灰暗，尽管企图做空欧元的伦敦投机者损失惨重，欧元在 2010—2011—2012 年间保持着惊人的稳定，一直在 1.32 美元上下波动。我们发现这个汇率比十年前的最低点高 50%；我们也知道欧元和美元的平衡汇率大约是 1 欧元兑换 1.2 美元；1.32 的水平证明欧元大概被高估了 10%。这的确不是深陷"危机"的货币该有的形象。为什么欧元在狂风暴雨中还能如此坚挺呢？

这个问题只有一个唯一的答案：与众多评论家的意见相反，欧元一直扮演着具有吸引力的国际货币的角色。它仍然作为国际贸易的结算货币被广泛使用，这一点没有变；它仍然作为融资工具被广泛使用，这一点也没有变；它仍然作为外汇储备工具被广泛使用，这一点还是没有变。出人意料的是，我反驳悲观主义者的理由不是一个判断，也不是一个论据，而是事实。华盛顿一直在寻找这个奇怪现象的主要原因，我们在下一章将会剖析。不管怎样，欧元在国际货币舞台上的稳健表现避免了在债务危机上再添汇率危机，这样就给各国政府留下了充足的时间来寻求解决的方案。

2011—2012 年冬实际上是危机管理的一个转折点。12 月召开的欧洲理事会没有像之前的会议那样成为"危机峰会"，而是一次在生死存亡最后关头的会晤。一位参加过谈判的高级官员向我透露："希望这一次能顺利通过，能用的方案已经不多了。"正是如此，牌局在 2012 年春已经重新洗过，我们看看是怎样进行的吧！求生本能的第一个表现是欧洲央行再次坚决地介入，以低廉的价格为银行大量注入资金,保证利率在第一个季度回到比危机时期更低的水平。各国政府开始行动,在德国的要求下采纳新的税收公约,保证未来的预算认真谨慎(包括著名的"黄金法则",确保更加严格的预算平衡)。希腊(正在谈判一个新计划)被明确地当作一个特例。"私有部门介入"方案被放弃,德国总理强有力地宣称一欧元的债券价值一欧元。会计标准(International Accounting Standard Board)和银行监管机构(European Banking Agency)平息了这场关于银行的投机,一个认为它的责任不是为主权债务评级(这样排除了主权资产大幅贬值的风险),另一个认为资本结构调整的程序"走上了正轨"。

这几个月的转变扣人心弦,经济学家"自动实现"的预言发挥了作用。除了拖延和错误,金融危机的主要决定因素往往是模糊不清的,这是一个预言的游戏。市场逐渐被悲观主义的预期淹没。政府? 心有余而力不足。政府的决定? 太迟了,力度不够。银行? 资本不足。希腊债务的减负? 微乎其微,来不及了。西班牙? 无可救药,诸如此类……要走出这样一个自动形成的平衡,必须改变预言,用另一种眼光看未来。问题的关键是欧洲各国政府是否愿意继续共同货币的历险(无论付出多大的代价)。有人怀疑危机加剧甚至无法逃脱的原因是预言的"自动实现"。德国在启动与自己的承诺、偏好甚至价值观相反的政策时犹豫不决,南欧拯救计划的实施困难重重,这些征兆正好助长了上述的疑虑。2012 年春,时隔两年,各国政府终于重新控制住了局势的发展。

走向一个更完美的货币联盟

政治舞台的幕后是经济利益的现实,欧洲共同市场拥有 3.3 亿消费者,多方利益相互交织。从 2010 年春开始对欧元区持久性的怀疑接连不断,可恰好相反,我们看到的是积极应对债务危机的态度(虽然效果不怎么明显):总之,失败从来就不是一个观点。欧盟经过两年艰难的谈判才明确这个共同的意愿——无论代价如何都要克服危机的困难。仔细思量,两年时间对如此复杂的政治决策的确不长。

货币联盟失灵,再加上近两年出台的紧急决定见效甚微,欧洲各国和政府首脑于2011年12月邀请四位主席联名准备一个报告,规划未来的欧元区如何在更加稳固的基础上发展。这四位主席分别是欧洲理事会主席(赫尔曼·范龙佩[H. Van Rompuy])、欧盟委员会主席(巴罗佐[M. Barroso])、欧元集团主席(当时是容克[JC. Junckers])和欧洲央行行长(马里奥·德拉吉[M. Draghi])。他们向欧洲理事会递交了报告,题目为《走向一个真正的经济货币联盟》。该报告在2012年6月被采纳,再次肯定了欧盟各国一致的意愿,不仅要走出危机,还要趁势推进欧盟的一体化。在这个目标框架下,欧洲理事会规划了未来十年的路线图(可以用"四个联盟"来概括)。众所周知,货币欧盟之所以出现故障,是因为预算政策、银行监管和竞争关系的变化互不兼容。结论水到渠成:有生命力的单一货币必须建立在有效的经济治理之上。这一次又向前迈进了一步,我们必须使用能更好地协调经济和金融的工具。首先是"税收联盟",它比《稳定和增长公约》更能保证预算变化的兼容性;各国政府将采用预算的"黄金法则",布鲁塞尔对各国预算的监管明显加强。但是我们以前的想法有误,仅仅消除赤字还不够。大型银行在家庭储蓄和国家融资之间扮演着重要的金融中间人的角色,它们的业务活动覆盖整个欧洲,有可能形成泡沫,和爱尔兰或者西班牙一样,一个国家的困难将不可避免地引起系统性后果。因此应该在欧元区建立一个具有调整和监管职能的"银行联盟"，一个存款保险机构和一个解决银行金融困难的机制（它有权出台政策防止某个银行快速倒闭）。另外，我们还发现欧洲各国小时工资成本的变化分歧巨大，这是影响欧盟内部进出口的竞争力差距的原因。我们认为国际收支平衡的概念在货币联盟没有任何理由存在，这绝对是正确的；但是在经济联盟进程还没有完成，也就是说"最优货币区"的条件还没有形成的时候，比合作国更具竞争力依然是成功的必要条件。

　　以下的评论方式比较新鲜也甚是有趣，我们纠正了十五年前对市场规则过于乐观的判断。在 1990 年代，我们认为金融市场完全有能力区分法国债务和希腊债务的风险，并对它们实行不同的利率防止预算的随心所欲。事实完全不是这样：在实行单一货币的前几年，难以置信的是各国利率都向德国趋同，这是盲目的。在 1990 年代，我们以为金融机构能运用复杂的风险管理技术，以最优和安全的方式划拨资产；看见的却是银行家追求比利率高十几个百分点的投资，这是南欧债券在北欧取得成功以及后来导致亏损的原因；这也是盲目的。我们以为竞争是一个足够强大的机制可以保证小时工资变化的趋同；看见的却是在工资谈判、难以忍受的竞争力差距和南欧去工业化等方面国家偏好的持久性；这仍然是盲目的。毋庸置疑，货币联盟的危机事出有因！归根结底，希腊不过是一根导火线，即使没有希腊，危机还是会在某个时刻爆发。找到了问题的症结，明确了推进一体化的意愿，我们看到"四位主席"如何规划了各国政府在未来几年要走的路线图。当然，有人认为这是一个简单的意向性宣言（又是一个宣言）！其实不然，这是一个重要的政治决定，和共同市场、单一欧洲法案、共同货币、申根区一样是标志着欧洲一体化的里程碑；标志着"更加完美"的货币联盟迈进了新的历史阶段。

意向性宣言和政治决定的区别在于是否能立即在金融市场产生深度共振的行动。马里奥·德拉吉在2012年7月评论道:"欧洲央行决定力保单一货币的幸存;相信我就行了。"很多人认为是欧洲央行的行动扑灭了火灾,平息了市场;在第一层面的确是这样,但这是一个短期的、"市场"的分析。实际上,是否愿意拯救单一货币不是欧洲央行行长说了算(这甚至是一个向德国宪法法院提交的,反对欧洲央行行动的报告的论据);显然这个决定出自政治机构。因此,要启动"大型巴祖卡"行动,有必要在6月召开欧洲理事会。理事会消除了各种疑虑,既然单一货币的未来不再是一个问题,既然各国政府首脑代表人民决定继续前进,那么欧洲央行(欧元的保护神)有权给各国政府充裕的时间和必要的方案,让一个如此宏伟的计划继续前行。在这个阶段,我们得出以下结论:我们宣布欧元大限将至确实是不成熟的,但这也不意味着挑战已经消失,路漫漫其修远兮!

英镑与欧元区危机

英国在欧洲一体化问题上一直比较尴尬。签署《罗马条约》的时候,英国极力主张另一个方案,即无需《罗马条约》,也无需欧盟委员会等制度机构的自由贸易区。英国的积极倡导以失败告终。在1960年代,英国政府调整了对形势的错误判断,但它提出加入欧共体的申请遭到戴高乐将军的反对,在他看来,应该拒绝亲美国家的加盟。当时很多伙伴国都希望英国加入,但这个希望一直推迟到1973年(美元走低,国际货币局势紧张)才实现。当时的问题就不仅是自由贸易或者共同市场了,还有欧洲货币的问题。英镑在这段时期一直局促不安。它的第一个尝试是加入"蛇形浮动汇率制",这对英镑来说是当头一棒,它在一个月后就宣布退出。尽管它不是唯一,却是第一个遭此屈辱的货币。栽了跟头之后,英国直到1990年才加入欧洲货币体系,但这一次的考验更加严峻,因此英镑在1992年再次被迫退出(传统上将这次战功归于乔治·索罗斯)。英国从此对单一货币无动于衷。托尼·布莱尔(Tony Blair)试图在英国的政治讨论中引入在未来加入欧元区的前景,戈登·布朗财长(Gordon Brown)则巧妙地让这个想法停留在抽象思辨的水平。伊拉克战争让欧洲人出现了分歧,英国的亲美形象再次彰显。

今天,英国对欧盟态度的暧昧达到了前所未有的高度。首先,英国将本国的经济利益看成重中之重(集中表现在伦敦金融城的命运),这个本国优先的观念常常成为英国政府与合作伙伴之间的一道鸿沟。近来最惊人的一幕发生在2011年12月的欧洲理事会:当整个欧洲都在奋力一搏,想战胜欧元危机,期待绝处逢生的时候,首相卡梅伦(Cameron)还在捍卫促进英国金融产业发展的狭隘要求,英国完全陷入了孤立的处境。再举一个高度敏感的利益分歧为例,当欧洲央行规定对以欧元计价的交易进行结算的金融中间机构必须设立在欧元区的时候,英国向法院提起诉讼,认为这个法案违反了资本自由流通的原则。除了伦敦金融城,英国对单一货币的排斥随着欧元区债务危机的深化而加剧。英国政府庆幸没有成为这次灾难的收款方,它为实行独立的经济政策感到骄傲。表面上看,保留本国货币等于保留了主权,英国为此自豪,但这和英国的经济实力没有直接的关系,从所有的基本宏观经济指标来看,英国2009—2013年的形势并不比法国乐观。但是影响英国未来最重要的因素是一部分公共舆论朝着欧洲怀疑主义的方向蔓延,甚至倾向于退出欧盟。保守党受到新的独立党的严峻挑战,后者主张英国"独立"! 占英国国会多数的保守党也有部分人重申了这个观点,卡梅伦政府不可避免地向这个立场倾斜。他启动了一个广泛征求意见的程序,重新衡量英国加入欧盟的利弊,并希望启动谈判退出某些共同政策;他还承诺在下次竞选后对这些问题进行全民公投。英国选择的方向与战胜债务危机、推进一体化的意愿背道而驰。

欧盟会解体吗?有人(以米歇尔・罗卡尔[Michel Rocard]为代表)建议英国停止负面地影响那些愿意加强共同政策的国家,并承担由此带来的后果;也有人(以弗朗索瓦・海斯伯格[François Heisbourg]为代表)持相反的观点,对一个英国缺席(缺乏英国的民主精神、贸易活力和战略能力)的欧洲大陆表示担忧;还有人(以凯马尔・德维斯[Kemal Dervis]为代表)认为应该建设一个二元欧洲:欧元区一体化的加强并不排斥允许在一个更广阔的区域,让那些不愿意在一体化进程中走得更远的国家(比如英国、瑞典、土耳其……)有一席之地。

在这些挑战中首当其冲的是对2012年6月路线图的切实执行。任重而道远,但不必畏缩,很多工作都已经在一体化的进程中顺利完成。这些挑战是如何关联的呢?绝对的优先肯定是预算问题。我们现在看到,德国几乎在孤军作战,独自承担救援行动的风险,因为法国推迟了对其公共账户的修复,它不会参与更大规模的行动,因为它无法保证不会被合作伙伴带进新的金融历险,后果还是由德国纳税人买单。出于这个原因,德国在通过欧洲稳定机制对西班牙银行进行救助这个问题上迟疑不决(相当于在实行共同监管之前介入崩盘)。好消息(我们将在后文分析预算问题的负面效应)是我们正在进步:对宏观经济不平衡的密切监管不再是后知后觉的;监管从此建立在前期的深入考察之上,欧盟委员会的介入可能更加直接。当然，这是一个新的约束，如果每个国家的预算都必须在一定程度上由合作国审查的话。但这是"欧盟整体利益"的某种表达。况且这正是法国所希望的，它提出对欧元区进行经济治理，至少这个方案已经萌芽。

　　第二个挑战关于银行联盟。欧盟实际上是一个"分割"严重的金融区。我们完全无法想象在商品、服务和资本自由流通的欧洲共同市场，金融竟然"碎片化"到如此程度，这一点出人意料。"金融一体化"之所以姗姗来迟，是因为各国只顾自己的利益，不愿放弃本国对业务已经覆盖欧元区的银行和保险公司的控制，于是偏离了正确的方向。在这个方面，危机可能还是一个弥补的机会。"银行联盟"包括三个方面的措施。首先是银行的监管：欧洲央行的权力加强，甚至可以延伸至一些大型的欧洲银行。以前主要的政治障碍是不清楚集权化的监管是否覆盖所有的银行（包括大区或者本地的银行）。现在这个障碍已经消除，那些不可避免的技术困难也将被逐步解决。其次是解决银行融资困难的机制——即对倒闭银行的处理，这个困难更大，因为一些大型银行（比如法国巴黎银行、德意志银行、西班牙国际银行）的命运似乎和国家利益紧密相连。这个计划也有进展，共同行动的框架将在2014年启动。最后是分歧最大的存款保险问题（目前由国家机构调整），原因很明显，还是成本分担的问题。显然，中央机制能更大程度地分摊风险从而降低保险的成本。如果没有中央监管，这个目标难以实现，因为可能导致道德风险；然而，对所有成员国实行谨慎性原则的中央监管可以启动分级保险机制，第一级以同质的方式覆盖整个欧元区。无需更详细的讨论，这些已经证明了政府承诺的公信力，因为它们对需要解决的困难和需要保护的共同利益已经达成共识。这个路线图的宏伟目标堪比欧洲一体化在六十年进程中每向前一步的决心：货币联盟就这样走上了正轨。

欧元治理与"政策新组合"

虽然一体化程度有所加强，但欧元区仍然没有完全走出困境。因为继金融危机之后，社会和政治问题接踵而至。皮尤研究中心的调查（"你对经济形势满意吗？"）对各国政府具有警示作用。欧洲的回答一分为二：75％的德国人感到满意，但只有9％的法国人，4％的西班牙人，3％的意大利人回答满意。在德国和一些北欧国家出现繁荣昌盛的景象：社保制度的改革已经完成，它摆脱了危机，资金充裕；社保为更广大的人民提供相当可观的保障，失业率低（尤其对年轻人）；当前是安全的，未来也不是危险的。这就是"欧洲梦"，所有的欧洲国家都曾以为能通过自己的方式发展福利国家来构筑这个梦想。但在欧洲其他地区，经济每况愈下。我们知道很早就有人说福利国家是脆弱的，并解释了改革的必要性；法国皮埃尔·罗桑瓦龙（Pierre Rosanvallon）的《福利国家的危机》或者米歇尔·罗卡尔的《关于退休制度的白皮书》在1980年代就已经出版，但一直没有引起重视。在货币联盟期间（2000—2008），极低的利率水平刺激了借贷的欲望，社保制度的覆盖面增加，但经费却无法保障。

危机让我们认清了现实，赤字到了难以维持的程度，对社保制度的改革刻不容缓。欧洲大陆的改革与英国的经验大相径庭，英国的目标是彻底减少国家福利；而在欧洲大陆，应该对一些参数（比如领取全额退休金的法定年龄和替代率）进行调整，保证欧洲社会模式的持久性，它和盎格鲁-撒克逊模式有着天壤之别。布鲁金斯学会的一项研究表明，社保改革会带来两难的处境：一方面，我们一致认为改革后欧洲社保制度会比以前更加趋同,因为资金更加充裕,社保的基础更加牢固;另一方面,对"既得利益"的挑战在南欧各国阻力很大,我们没有看见欧洲社会政策的趋同,却感到对包袱的分担非常不平等。我们通常归咎于欧洲的一体化选择,对欧洲的信心普遍下降。

深度区分南欧和北欧的是失业问题:它是决定欧元区未来的关键,因此"货币和财政政策的配合"被再次提出。在这个问题上(和许多其他问题一样),德国仍然是指挥官。的确,德国的表态有些犹豫,但它的谨慎有令人信服的理由。德国犯过错(谁又没犯过错呢?),但在拯救欧元区这个问题上,德国一直扮演着积极的角色。需要强调的是,德国的贡献之所以尤为可嘉,是因为它必须克服被欺骗的感觉,必须接受与其经济文化截然相反的方式。德国政府不是一意孤行,它得到了选民、议会和宪法法院明确的支持。最终承担最大风险的是德国。由此看来,我们对邻国,尤其对德国总理(即使我们不赞同她的政见)发起的攻击是多么地荒谬。我们有些政治领导人任由排斥德国的情绪蔓延(甚至煽风点火),而不是传播对当今欧洲现实的另一种看法,他们应该承担重大的历史责任。

为了避免让本国纳税人承担无止境的风险,德国增加了一些严格的预算规则,即所谓的财政紧缩政策。目的是让公共财政重新走上正轨,所有面临资金问题的政府都这样做,无一例外;当然,这些政策从来就不讨喜。2013年,大部分的目标都已实现,"基本财政盈余"可以见证。从此,南欧国家自己承担利息之外的开支(法国从来就没有做到这一点)。但我们看到反面的风险正在攀升:财政紧缩政策的普及阻碍了欧洲的经济增长,甚至将某些国家推向了经济衰退的边缘。经济衰退缩小了税基,即使减少开支的努力从未松懈,公共财政指标也持续下降。在这个阶段,财政紧缩政策成了发展的阻力:这个模式已经走到尽头,国际货币基金组织也开始怀疑传统的观念,采纳了新的主张。以下的结论就自然而然了:债权人的安全再次陷入险境,要保护他们的利益只能改变"政策配合"的方向。

我们应该将奥朗德上任后的宏观经济政策置于这样的背景之下:纠正法国过去的不足,加强在欧洲事务的分量,改变欧元区"政策配合"的方向。几个月来,他的努力前功尽弃,可能是因为这个战略本来就不够明朗,再加上多数党极左翼的议会代表及某些部长制造的"反商业"氛围让它更加模糊。各种原因加深了法德的不和,在五年计划的第一年,两国的关系艰难地维系着。然而,2013年春出现了转机。德国总理和法国总统在 5 月 30 日共同发表声明,"为了一个稳定且增长的欧洲"齐心协力;这可能又是一个外交动作,就如 2012 年在弗朗索瓦·奥朗德的要求下采纳的欧洲复苏计划(它从来就没有真正存在过)。尽管这一次情况不够明朗,却更具政治分量:我们听到德国总理亲口说她坚信"预算巩固和经济增长并不矛盾,可以携手并进",她还补充说如果能更好地协调未来的预算政策,过度赤字程序(欧元区目前正沦陷其中)是可以避免的。德国态度转变的第一个后果出人意料:赤字一直显著超过3%的法国可以有更长的时间来达到目标,避免了法国的"财政紧缩"政策将整个欧洲带入经济衰退的危险。这还有待确认,但2013 年标志着欧洲"货币和财政政策新配合"的开始。

尽管我们对这个变化态度乐观,但显然它还无法回应面临的挑战,应该继续推进对欧元区领导权的讨论,我们已经着手的"四个联盟"表明它将在欧盟的框架下构建一个更加融合的欧元区。于是,有人支持彻底走向真正的联邦。这个想法可以作为一个远期的目标,但是目前的条件还不成熟,很有可能导致失败或者排斥。也有人建议改革欧盟政治机构的领导权,通过普选产生欧盟主席或者实行议会制。这类建议看似比一个完整的联邦计划更加容易,但这是对前景错误判断的结果。欧盟主席的权力究竟是什么呢?要找到这个问题的答案,我们应该展开一个完整的宪政计划,这样我们又被带回了最初的问题。另外,我们可以让议会的权力适当地扩大到欧盟委员会主席,但这并不比对制度的修补更胜一筹。

　　在目前的讨论中,成立欧洲财政部的建议最恰当地把握了理想和现实的平衡,因为它填补了欧盟委员会经济和金融事务总司长和欧元集团主席没有涉足的空白,满足了眼前和未来的需要。或许应该在合并这两个职位的同时提高其政治高度。新职位的设立具有现实意义,因为它找到了欧元区的弱点,是让货币联盟正常运行的关键。挑战如此之严峻,如果能对该职位赋予更大的权力,这也是向前迈出的雄心勃勃的一步。在一个真正的货币联盟里,财政部长将行使怎样的职权呢?首先是与税收联盟相关的权力,其次还要在银行联盟的各种机制下监管金融活动。他应该积极地制定适合整个欧元区的"政策配合"的内容;提出刺激需求的政策(大型的欧洲基础建设)或者最优利用资金的方案(欧洲投资银行的资金或者欧盟委员会的结构基金);他还应该确定部分债务互助化所需的条件。德国总理坚决拒绝欧洲债券机制,因为它一直被认为是一个控制不足、边界不清的承诺。但德国经济"五贤人"委员会首先对该机制的可行性进行了详细的规划。一旦税收联盟走上正轨,应该由一个欧元区的高级官员来提议一个能被普遍接受,让整个欧元区的前景畅通无阻的欧盟债务部分互助方案。这个官员就是欧元区的经济和财政部长。

　　财政部长也行使预算方面的职权（比如税收政策），他还应该针对欧盟年轻人的失业问题制定一些计划，这是 2013 年 6 月欧洲理事会决定的延伸。在优先考虑的领域中，我们想到在失业保险、退休甚至菲利普·范·帕里斯(Ph. Van Parisj)提出的最低收入方面的基本机制。这些改革措施将由欧洲理事会和欧洲议会控制，潘多拉魔盒不会打开，欧洲不会陷入新的金融混乱；相反，它让欧洲一体化的理想走得更远，超越了危机后一直停留于节省开支或者金融管理的纠结。这个建议的现实性在于已经存在一个性质相似、同时隶属于欧盟委员会和欧洲理事会的职位——欧盟外交和安全事务高级代表。这两个职位巨大的差别是欧盟既没有外交权也没有军队，而经济和财政部长的角色已经在上文进行了简要的描述：他的角色在欧洲理事会（欧洲经济与财政事务理事会和欧元集团）和议会面前纯粹是政治性的，其权力将会随着欧洲行政权的扩大而相应地延伸。2014 年的欧洲议会选举是启动这项宏伟改革的关键时刻。

　　通过以上分析我们得出什么结论呢？从 1950 年代起，欧洲一体化建设就是一个国际合作的模式。半个世纪以来，它在战争的废墟上保证了和平与繁荣；它战胜了停留在国家利益上的狭隘主义，让成员国逐渐接受了承载着共同利益的让步和妥协；它史无前例地创建了主权分享机制，并成功地让其运行。单一货币的创立让欧洲一体化迈出了巨人的脚步；但主权债务危机却将它带到了悬崖的边缘。单一货币的失败可能引发一场前所未有的国际货币灾难。现实没有想象的那么悲观，尽管对市场的负面预期如雪崩之灾，欧元在国际层面仍然被广泛使用，其汇率的稳定就是证据。各国政府已经再三确认它们愿意力保欧元幸存，甚至还勾画了新治理的轮廓。金融危机的暧昧阶段已经过去；欧元没走，它要活下去，它要成为二十一世纪多元货币世界的主角。

当然，还有许多挑战需要面对。创建一种非国家的货币本来就是一场冒险的赌注，经过两年持续的危机，货币欧盟奠定了更加稳固的基石。各国的齐心协力让南欧国家的金融环境走上了可以承受的轨道；但代价沉重！为了巩固取得的成绩，从现在起就应该再次创建经济增长的前景，这是债务良性管理以及就业水平修复不可或缺的条件。刻不容缓！欧元区的治理已经有了起色，应该进一步加强；但是在 2014 年欧洲议会选举的前夕（选民的怀疑主义可能占据上风），应该立即让新的治理模式促进经济增长和就业。

第六章 美元与危机之药

　　2008 年总统竞选期间,美国酝酿的"第三次革命"似乎已经时机成熟,其规模与 1932 年富兰克林·罗斯福(Franklin Roosevelt)和 1982 年罗纳德·里根(Ronald Reagan)当选总统之后的革命不相上下。对新总统而言,选民的期待和危机的加剧既是机遇又是挑战。我们不禁要问:"贝拉克·奥巴马是否会像罗斯福一样实施新政呢?"事实上我们很快就看到,政府公信力的一贯缺失再次暴露:美国究竟应该走哪条路线呢? 奥巴马很快遭到共和党的激烈反对;他做什么都无法博得共和党的好感。从此,美国似乎无从管理。2012 年的美国大选本该是一个社会选择的时刻,贝拉克·奥巴马和米特·罗姆尼分别代表了两个可能的方向。但事实并非如此,华盛顿的部署没有改变:奥巴马留在白宫连任总统,激进的共和党在众议院取得多数议席,民主党以微弱优势继续掌控参议院。在政治层面,美国的民主几近瘫痪。在经济层面,一些人对复兴竞争力抱有坚定的信念,所谓的竞争力一方面来自前景光明的创新,另一方面来自丰富的石油和"非常规"天然气资源。走近一步看,这些希望似乎有些夸大,很多迹象表明,美国虽然在某些领域技术领先,其国际专业化也就相当于世界经合组织中等水平(它很难超越)。不管怎样,2013年春美国的经济政策取决于金融危机的发展。一些非常规的经济手段得以实施,比如巨大的公共赤字、侵略性的货币政策;但结果令人失望,美联储主席本·伯南克在2013年春季宣布结束"这一局",收紧货币政策。或许美国从未走出过危机?

2008年——一场美国革命?

2009年1月新总统上任不久,美国的工业产值急剧下降,失业大幅攀升,美国经济遭遇了自1930年以来最严重的危机。这是对新领导班子提出的空前挑战,它将成为第一次政治分化的原因。很快,美国采取了全面振兴计划,财政注入了巨额资金,解救了如临深渊的金融业。结果令人欣慰,一场"大衰退"悬崖勒马,对银行的信心死灰复燃,通用汽车重新崛起,社会保障的支出阻止了贫困的无情攀升:2012年,生活在贫困线以下的人数增加到4650万人,占总人口的15%,与2007年相比上升了2.5%。政府的坚决行动虽然拯救了经济,但也迅速激发了民众对政府干预经济的反对情绪。很多人对此忧心忡忡。对新保守派而言,民主党的恶魔重现了,美国将被带上社会主义道路;美国历史上的工业花魁通用汽车(GM)已经变成了"政府汽车"(Government Motors)。其他人尤其是保罗·克鲁格曼(P. Krugman)和民主党左派认为政府做得还不够,花钱越多效果越好! 至于人数最多的独立派人士,我们很快就感到他们因巨额的支出和赤字惶恐不安。怀疑的种子已经播下:国家是否选择了正确的道路? 对这一问题的否定回答越来越多。同时,失业率只是缓慢下降,危机后的第一任政府肩负重任,直到 2012 年的大选。

除紧急措施外,医疗改革成为竞选政纲的核心议题,奥巴马视之为一切改革之母,半个世纪以来,没有一位美国总统能成功地解决这一难题。奥巴马遭到了严厉的批评,他被认为没有足够的领导力,但这种指责是毫无根据的。在美国,如果没有参议院的六十赞成票,任何改革都不可能启动。白宫一直在积极地呼吁改革,动员犹豫不决的议员,做出新的让步。数月的努力终于调解了民主党内部的无数分歧。共和党的攻击是一种罕见的暴力。虽然提案最终勉强通过,但成功却留下了苦涩的滋味。选民的态度模棱两可,大多数美国人既不支持改革,也不赞同废除。不管怎样,这一曲折的过程反映了美国民主的诸多问题:参议院的非民主特征、压力集团过度的施压、收买议员选票的泛滥,最糟糕的是当今两党之间的暴力关系。

竞选的第二盏探路灯是金融改革。雷曼兄弟倒闭后,布什政府让犹豫不决的国会通过的政策还远远不够。2009 年春季的提案应该明确归功于财政部长蒂莫西·盖特纳(Timothy Geithner)。银行必须进行“压力测试”以检验其稳固性,财政部已宣布其结果有效。美联储对金融机构免费注入大量资金,信心回归,银行流通重新激活。众人担忧的金融崩溃得以避免,但总统却没有从中获取政治利益。相反,经济情况的好转却引来了许多责问和批评。尽管华尔街重新欣欣向荣,但对大多数人来说经济复苏还只是一个抽象的概念,这让已经不信任国家干预的普通民众更加愤慨。至于多德弗兰克法案——这部令人难忘的金融立法丰碑,其文本表述过于笼统,其中大部分条款都应该细化,以主要金融调控机构(美联储、美国证券交易委员会、联邦存款保险公司等)颁布的规章形式呈现。这部法案究竟有多大的意义? 暂时还不明朗。但共和党在 2010 年的中期选举中获众议院多数席位，这明显减慢了该法案的制订进程，也削弱了其执行的效力，例如禁止银行自营交易的"沃尔克规则"。

我们可以对奥巴马总统的第一个任期做如下总结：首先，他有大刀阔斧进行改革的意愿，不亚于罗斯福当年的雄心壮志。但反对派，尤其是激进主义者的政治反应异常激烈，他们认为总统在社会主义道路上走得太远。奥巴马拿出十分的耐心证明自己有兼顾两党利益的意愿，但一切徒劳无功，政治分化迅速扩大。尽管布什政府连续八年的自由放任政策最终带来了灾难，尽管市场自我调控的经济走向了深渊，奥巴马的干预措施仍然举步维艰：2008 年后，反对政府以任何形式干预经济的情绪为共和党搭建了平台。共和党从约翰·麦凯恩（John McCain）的失败中总结了教训，他们的失败是因为没有更加坚定地站在由萨拉·佩林（Sarah Palin）代表的激进民粹主义立场——"反对堕胎，支持枪械，支持美国"。共和党的反对愈演愈烈，小镇游行和强烈反对新总统的茶党数量越来越多。共和党在 2010 年 11 月中期选举中大获全胜，这不仅强化了以上的观点，还反映出中间派选民的失望（他们对 2008 年的大选寄予了太多的希望）。共和党对议会的胜利欢欣鼓舞，决定在预算问题上与民主党对决到底。

美国是唯一一个预算程序需要通过专门立法确定债务上限的国家。一旦债务达到上限，要么再次提高上限，要么政府违约。再次提高债务上限意味着承认国家"入不敷出"，它一直是最不受欢迎的决定之一。2011 年 5 月，美国已达春季的债务上限（约 14 万亿美元）；财政部不能仅靠"权宜之计"维持生计了（比如推迟对养老金账户的拨款）。财政部长告知国会"大限之日"最多可以撑到 8 月 2 日，以后政府再无退路。标准、普尔和穆迪都将美国主权信用评级由 AAA 下调至 AA＋，评级前景展望为"负面"。美国两党展开了"债务"之争，共和党宣称其投票支持提高债务上限的条件是政府必须对预算进行严格的削减，放弃社保方案——也就是养老保险、老年人的"医疗照顾"保险和贫民的"医疗救济"保险计划。白宫做出了反击，一方面提议了一系列的经济措施，另一方面对布什时期的"富人减税计划"提出了质疑。参议院的"六人帮"极力寻求折中的办法却劳而无功。在正常的政治环境下，面临"违约"的风险，双方一般会在小冲突后自然达成妥协。不管怎样，2012 年 11 月总统竞选之时，选民必须在两个截然不同的社会规划中做出选择。情况到最后时刻仍不明朗，因为茶党"坐山观虎斗"，在它看来，提高债务上限是让白宫屈服的最佳时机：不进行大规模的预算削减，就不提高债务上限。最近因本·拉登获得赞誉的美国总统不会轻易接受这样一个具有强迫性质的条件。7 月，冲突再次升级，两党针锋相对，世界金融的钥匙和国际货币的未来掌握在茶党手中，这是非常危险的！

　　现在该回到上一章遗留的问题了。我们知道在整个主权债务危机期间，欧元作为国际货币的吸引力丝毫不减，这是多么地出人意料！为了更好地理解这个悖论，我们应该回到以下事实：货币的价值总是相对的，汇率表现的是两种货币的关系。欧元之所以相对美元保持稳定，是因为在投资者眼里，欧元在国际市场上和美元同样"好用"或者"坚挺"的地位没有改变。有一个细节还没有引起伦敦或者华尔街金融分析家的关注，那就是美国为走出危机出台的"任性"的预算和货币政策在众多新兴国家种下了怀疑。他们的证据是美国只追求本国利益，不再打算（假设它曾经以此为己任！）捍卫美元作为国际储备货币的地位，也就是说其政策目标不再考虑国际货币的稳定。结论是将鸡蛋（世界货币的未来）放在美元这个唯一的篮子里是危险的，最好是巩固欧元的地位。我们在研究中国货币战略的时候已经有此想法，现在就欧元问题再次提出该理论是出于地缘政治的考虑。我不禁想到在北京与清华大学傅军教授的谈话，他说："1648 年，欧洲通过威斯特伐利亚合约创建了民族国家；今天，它正在通过共同市场和货币联盟尝试更进一步，这个任务可不简单啊。"相比伦敦和华尔街，中国更好地理解了在欧元区上演的悲剧的意义和困难，它在整个危机期间充当了稳定的因素。尽管我们经常说美元具有"避难价值"，但在整个欧元危机期间，它一直保持着比购买力平价（即它的"客观"价值）低 10％的水平。国际投资者带着挑剔的目光观看在华盛顿上演的"政治戏剧"。

美国民主的瘫痪

在奥巴马连任总统的第二天，关注的焦点又立即转向预算问题，彻底推翻了"政治上没有刻不容缓的问题，久拖不决自然会有解决"这句名言。预算之争在 2011 年 7 月中断，十八个月之后即 2013 年 1 月 1 日以"财政悬崖"的形式被重新提出：小布什总统的减税政策到期，军事和民用开支的"自动减赤"机制启动。上述政策一旦实行，支出的减少和税收的骤然增加将在经济流通中抽走几千亿美元。所有的机构都预测美国将遭遇严重的经济衰退，增长曲线看上去犹如悬崖。形势不明朗，当然没人希望酿成如此灾难性的结局。随着"大限"日期的临近，华盛顿再次陷入惶恐。终于，悲剧再次避免，双方在最后一刻达成了"不稳定"的妥协……冲突的解决又被推迟到下一幕。世界第一经济强国，国际储备货币的发行国，在国际经济机构扮演领导角色的国家在十八个月内竟然两次准备在经济和金融领域自行了结。政治难道真的对经济爱莫能助吗？

美国卷入了中东问题，身处困境难以自拔，这让人想起1970年代的美国：越南战争和水门事件后的灰心丧气、伊朗人质危机、高达两位数的通货膨胀、完全失去公信力的政治机构。当时的三边委员会发表了著名的研究报告《民主的危机》，解释说民主应付不了它所面临的挑战，政治学家塞缪尔·亨廷顿（Samuel Huttington）关于美国的报告更加灰暗。但是几年之后，美国战胜了通货膨胀；在里根时代，"美国回归了"；1990年代解体的是苏联。预测大错特错！但出人意料的是民众的悲观情绪没有消失：对政治和政府的信任持续下降，在今天跌到了最低谷。根据一个连续进行了五十年的调查，对"我们可以信任华盛顿为国家制定的政策吗？"回答"是"的比例在1960年代中期占75％，1970年代末占40％，2005年30％，而在今天不到20％。有趣的是这条曲线和同期美元国际价值的下滑趋势线几乎是平行的。上半个世纪的美国让我们想到二十世纪初的英国：一个昔日的领导强国，尽管依然具有巨大的优势，但是在工业、金融、社会和政治领域停滞不前。美国是否在重蹈覆辙？美国这段衰落的历史也间插着几次成功的回归。我曾在一次研讨会上听一位同事才华横溢地取笑预言"美国衰退"的不同版本：越南战争，1.0版本；放弃黄金汇兑标准，2.0版本；去工业化，3.0版本；互联网泡沫的破灭，4.0版本。不断升级，一触即发！需要注意的是，悲观主义不一定会实现，尤其在美国！这一次到什么地步了呢：公共舆论有道理吗？

三十年来，美国的政治生活发生了真正的革命，金钱的权力泛滥成灾，这是公共精神腐败的原因。伴随美国政治运动的金钱洪流是当代美国最令人震惊的特点之一。我们该记得2012年的竞选费用达到人均十亿美元的程度；2012年立法选举候选人的电视广告总花销估计达到百亿美元。我们为什么变得如此挥霍？这样的挥霍会产生什么后果？"烧钱"的选举在 1970 年代就已经开始，当时的压力集团选择一些有针对性的法案，但金钱的政治权力多次在国会遭遇失败。1990 年代，这股风气在金融部门（既是出资方又是受益者）日益增长的影响下不断恶化。令人担忧的是金钱和政治交易的性质正随着筹资的条件和金额而发生改变。

以前的模式是政党筹资，政党的领导人执行一定的纪律；但资金一旦被直接交到候选人手上，就不再是政党影响候选人，而是谁筹资多谁影响政党。同样，候选人和选民的关系也发生了改变；以前候选人需要兼顾各方利益，而今天主要的任务是说服电视观众，需要花费的资金越来越多。最后，议员的姿态也发生了改变。在 1960 和 1970 年代，政治领导人和议员可以参加游说，后来就成了金钱换选票。真是天壤之别：在第一种情况中，游说者之间的竞争是争夺影响力，所有的压力集团都极力让自己的观点得到承认；议员必须一直关注为自己投票的团体。今天，投在竞选中的资金要么换来与其直接相关的选票，要么在法律的条款中获取报酬。必然的结果是"整体利益"的消失和民主的瘫痪，选民对"华盛顿为国家制定的政策"自然就信心不足了。

在制度运行方面，令人惊讶的是政治体制甚至无法解决符合民众广泛需求的燃眉之急。最近的武器问题就是最具戏剧性的例子。近几年令人悲恸的消息接连不断，总统多次无奈地扮演"第一安慰者"的角色。2012 年底在牛顿市桑迪·霍克小学发生枪击案之后，总统、家庭、协会在几个月内积极号召进行枪支管制。但是，在美国最有影响力的游说集团（全国步枪协会）的强烈干预下，国会成员的提案效果非常有限……甚至没能多数通过。对美国及其政治制度来说，这是悲哀的一天，它为一个因政治阶层的让步感到愤怒的奥巴马总统加上了注解。

　　通过这个例子,我们看到制度堵塞最明显的原因是意识形态的单极化,它也解释了为什么财政问题犹如顽石难以攻破。有人说美国人注重实效,但在政治生活方面已经今非昔比! 两个主要政党的内部已经形成几个派别。在共和党内部,茶党合并了民粹主义和自由主义党并形成一股"本能的"反政府力量,揪着减税问题不放。在民众选举中,它打着"反政府"的旗帜,要求永远保持低税收,捍卫富裕阶层的利益。这个极端党派在许多预选中证明了自己有能力战胜过于中立的候选人;它绑架了众议院,站在强烈反对任何妥协的激进立场;它拒绝警告,带着幼稚的激情在债务违约的风险上"玩火"。从2010年起这个障碍已经无法回避。

　　2012年的总统选举是制度堵塞最明显的征兆。两个社会选择摆在面前:一个是政府花费国民生产总值的35％到40％;另一个是15％到20％。但那些期待对美国二十一世纪的未来进行激烈讨论的人还意犹未尽;共和党开玩笑地指责奥巴马想回到1965年(林登·约翰逊[L. Johnson]提出"伟大社会"),而奥巴马立即反驳说共和党要把美国带回到1929年! (当时共和党赫伯特·胡佛[Herbet Hoover]当选美国总统,对经济衰退实行"自由放任"的政策,因为他看见"复苏近在咫尺"。)美国是否还能和以前一样起死回生呢?

复活的竞争力

　　任何对美国经济竞争力的观察都从一连串负面的数据开始。对外贸易赤字在几十年里不断加剧,美国人的消费由亚洲国家买单;至今仍让全球消费者梦寐以求的美国品牌早已在本国停产。

如果我们用《世界经济论坛》的排名作为美国竞争力的衡量标准（避免"反美"的嫌疑），美国在四年内从排名第一下降到第七。具体而言，美国的基础建设排名 14（共 144 个国家），教育和医疗排名 34，制度效率排名 41，而宏观经济环境已经排到了 111 位。哈佛大学商学院著名教授、管理学界的精神领袖迈克尔·波特（Michael Porter）在最近的研究中对上述排名给予了充分的肯定，并将美国的竞争力排名到全球第二十位（紧随法国之后）！但是低估美国的潜力是愚蠢的，历史上的美国经常大起大落！这一次它还会给我们惊喜吗？

美国在创新领域保持着领先的地位。尽管面临着金融危机、经济衰退、预算有限等种种困难，奥巴马总统仍然将研发作为优先考虑，其经费继续以每年超过 5% 的速度增加；研发占国民生产总值的比例接近 2.9%，达到 1960 年代冷战和"太空竞赛"时期的最高点。美国在这些数据面前找到一丝安慰。但世界经合组织的态度没有这么乐观，它在创新方面的国际比较表明美国依然是冠军，但是结论并非显而易见，因为各国的差距拉近了。就研发经费占国民生产总值的比例而言，美国在世界经合组织中仅占到第八位，排名在芬兰、瑞典和韩国之后；另外，美国的研发费用达到 3660 亿美元，欧盟 2670 亿美元，中国 1400 亿美元但增速很快，日本 1250亿美元：差距是存在的，但是相当接近。再看专利申请，美国每十万人持有"三地"专利[①]的数量排名全球第 11 位，位列世界经合组织的中等水平；总量和日本持平，但低于欧盟。

然而，美国至少有一个领域是无人能比的，那就是高等教育；

———————————

① 即在美国专利商标局、欧洲专利局和日本专利局都进行了申请，而且至少获得了美国专利商标局批准的专利。（译者注）

全球绝大多数的研究性大学在美国(根据莱顿大学的排名,世界前50名大学中美国占43所)。这些大学最大的特色是在科研理论和创新运用之间建立了非常高效的联系;硅谷催生了大学!在这一点上,世界经合组织再次提醒我们不可得意忘形。首先,我们一直知道美国中等教育的质量在不断下降。尤其令人担忧的是无论哪个年级,学生都对科技学习失去了兴趣。在这个方面,美国在包括西班牙、土耳其、墨西哥和匈牙利的集团中位于中等水平。国际组织还发现今天美国的创业已经不能和互联网泡沫时代相提并论。实际上,对这些"小嫩芽"的资助占国民生产总值的比例已经从2002年的0.6%降到2008年的0.2%,下降的趋势还在继续;同样,新兴企业创造的就业岗位也在不断减少,占就业总人数的比例从1990年代的3%下降到最近的2%。美国还是赢家,但十五年前"新经济"的光辉形象似乎已经褪去了光泽。

总之,美国对科技发展的前景一直充满信心,它比任何国家都更懂得如何更快更好地从中获益,因此,美国仍然有充分的理由相信这段历史还没有走到尽头。但美国也不一定能将科技发展作为在当前国际竞争中进攻的武器,因为它在制造业、出口和就业方面表现出来的科技优势还远远谈不上出类拔萃:以科技产业占制造业的比例为例,美国退居第13位,落后于德国、日本、韩国等其他国家;高科技产品的出口量从1997年250亿美元的微弱盈余下降到2010年1000亿美元的赤字。尽管美国的尖端科技进入了国防、太空、外科学等许多领域,互联网的应用也非常具有创造力,但是美国的经济更多地集中在中等专业化水平。这个趋势可能还会因正在进行的能源革命得以加强。

除了高科技,今天让许多人对增长前景充满信心的是对丰富的石油和天然气资源的开采。这得益于两项关键的创新——水力压裂和水平井分段压裂技术。这是通过多年努力得到的喜人结果。1980年代最初的研发由能源部出资；1990年代大量的私人投资将理论孵化成实用性技术；从2005年起，天然气和石油产业开始在宾夕法尼亚州、得克萨斯州、路易斯安那州、科罗拉多州、达科他州的大型油田进行勘探。这是一段典型的"美式"历史。所有看过《丁丁在美国》的读者都记得埃尔热（Hergé）笔下的三幅图：在美国中西部荒无人烟的地方，竖着几个钻井架，石油喷井了；一周以后，这里成了一个小镇，吸引着骑马而来的探险家，于是出现了酒馆、杂货铺和食品店；一个月以后，摩天大厦拔地而起，街上到处是匆匆忙忙的生意人和拥堵不堪的汽车……美国的神话还在继续。这几幅图就是对北达科他州沃特福德市近几年历史的完美概括（仅举这一个例子）。它是一个在西奥多·罗斯福国家公园旁沉睡了几十年的小镇；今天遍地是石油钻井，美丽的风景就像被虫蛀过一样；公路和机场四通八达，小旅馆如雨后春笋，城市到处塔吊林立。地质学家在1950年代就知道北达科他州有石油，可是在"大平原"的地下，当时无法开采；2000年代初，据美国地质勘测局的估计，巴肯油田的潜力超过1000亿桶；作为参照，整个美国在这之前已被证实的储备油量仅有230亿桶。这两个数据让我们感到美国再一次迎来了真正的革命。达科他州的石油产量在2012年就已经超过了加利福尼亚和阿拉斯加州，过几年将超过得克萨斯州的产量，届时美国的石油产量将超过沙特阿拉伯。能源独立触手可及，每百万BTU（英热单位）的天然气价格已经从4美元下降至不到2美元。美国的繁荣近在咫尺？

　　从此，美国工业有了显著的价格优势，天然气的价格是德国的三分之一，韩国的四分之一，由于天然气是主要的发电能源，用电成本也相当低廉。上游产业（比如钢管厂）和下游产业（化肥、塑料厂)都吸引着新的投资:法国生产无缝钢管的瓦卢瑞克集团在俄亥俄州建立了一个新工厂;加拿大的化工企业梅塞尼斯公司将智利的工厂搬迁到美国路易斯安那州;轮胎制造商米其林又回到了加利福尼亚。2015—2020年,美国有望新增120万就业岗位(大受欢迎),国民生产总值增加3000亿美元(微不足道),税收增加250亿美元(不值一提)。石油和页岩气的经济效益伴随着沉重的环境代价。国会在2005年通过的能源法(《哈利布顿漏洞法》)明确免除了天然气钻探公司在"安全饮水法案"(由联邦环境保护总署监督实施)下的责任。在这样的法律安排下,天然气公司无需调研对环境的影响就可以直接钻井勘测。至于对气候的影响,官方认为天然气比煤炭更有优势,因此可以作为向低碳经济转型的自然过渡;也有人担心对碳氢化合物需求的日益上升会打击再生能源的发展(这不无道理)。对"水力压裂技术"未来的讨论如火如荼,反对派还没有缴械投降,但相比欧洲而言,美国对他们非常不利,这里有法律的原因(美国地下产权和土地产权的一致性有利于土地的出售和钻井的安装),也有文化的原因(美国人习惯住在井边,犹如家常便饭);最重要的一点,经济和地缘政治阵营打出了回归增长和国家能源独立的王牌,在普通民众的眼里,"非常规能源"成了一只真正会下金蛋的鸡。

　　上述因素的合力是否足够(像激情洋溢的活动家所宣称的那样)保证美国真正的"复活"呢?"东山再起"——这个引人注目的标题配上一个巨大的握着美元标志的拳击手套,装饰着《美国利益》2012年5月的封面。作者引用了奥巴马首次发表的《国情咨文》讲话,刚上任的总统承诺"在五年内让美国的出口总值翻番"。现在到哪一步了呢?美国的出口在2008年上升到13000亿美元;紧接着出现了全球性的经济衰退,出口额在2009年下滑至10690

亿美元。如果从 2010 年的 12880 亿美元算起,要达到总统提出的目标,2015 年的出口额须超过 25000 亿美元。而 2012 年才达到 15640 亿美元,路漫漫其修远兮！然而,对工业竞争力的乐观主义态度开始盛行,这当然得益于低价的"非常规能源"。也有人说,人工智能和自动化革命会降低劳动力成本的影响,改变国际竞争的格局,甚至能推翻产品的生命周期。最典型的案例发生在肯塔基州,通用电气公司重新启用了一个被废弃了二十多年的工业旧址。首席执行官在《哈佛商业评论》发文说明了这个决定的理由。他写道:以前的战略部署过于绝对地建立在对劳动力低成本的追逐上,羊群效应导致工业外迁达到顶峰;但我们对成本-收益的计算并不全面,2012 年在路易斯维尔投资生产电器又成为可能,并有获利的空间。这不是一个社会或者政治的选择,"我不是慈善机构的 CEO",杰夫·伊梅尔特(Jeff Immelt)肯定地说。我们从工资的变化来看,现在的小时工资是 12—19 美元,二十年前因企业外迁而失去的岗位小时工资是 21—32 美元。这简单地概括了以原材料开采为基础又转向出口的战略的另一面:创造就业岗位,没错,但新增的是国际竞争"雕琢"下的岗位。这个压力不仅表现在一些面向国际竞争的行业,还表现在整个经济,正如沃尔玛长期以来所证明的那样。竞争力的复活？也许吧,但《东山再起》的作者总结道,代价是对美国效忠誓言的改写:"上帝的眼中有两个国家,人人尽得自由,却非个个均享繁华。"

美元与"量化宽松政策"的终结

房地产市场的复苏给美国带来了几个月小心翼翼的欣喜,可美联储主席本·伯南克在 2013 年 5 月提议(6 月再次确认)停止央行在2008年大胆启用的货币政策,这标志着危机的一个新拐点,甚至是雷曼兄弟破产后谈判最艰巨的一个拐点。为了更好地理解其中要义,我们应该从头开始,详细回顾实行这项政策的理由和效果。下文的分析以本·伯南克2012年在乔治·华盛顿大学的系列讲座为根据(一个珍贵的见证)。

2008年金融危机爆发后,美国的金融体系濒临崩溃,银行间的市场已经枯竭。经过反复摸索,财政部组织救助银行机构,美联储(和欧洲央行一样)对银行实行了大规模的再融资政策,旨在重新激活货币的流通;注入的资金在2009年初达到了顶峰——14000亿美元,比正在流通的货币总量的三倍还要多!如此一来,美联储和欧洲央行都承担了中央银行的责任;或者说在沃尔特·白芝浩(W. Bagehot)十九世纪发表的理论中被称为"最终借款人"的责任;再换一种说法,就是教科书所说的"银行的银行"。这项政策获得了成功,它与预算政策双管齐下,阻止了大衰退,起到了重振经济的效果。向银行注入的巨额资金已经逐步得到偿还(到2009年底已经所剩无几了)。从技术上说,这项政策的部署很到位,因为在经济危机期间向银行发放的21000项紧急贷款中无一违约;"公共资金得到了很好的利用",本·伯南克这样评论。但是在这个方案结束之时,另一个挑战引起了关注。美国的复苏软弱无力,而国会不准备再次增加预算赤字来为经济打强心针;货币政策已经走到了尽头,因为从2008年12月起美联储的利率水平已经趋近于零。需要强调的是美联储和欧洲央行的不同之处在于它身兼两职:充分就业和稳定价格。没有人在2009年担心通货膨胀;如果说有担忧的话,应该是相反的风险,即通货紧缩——1930年代的梦魇。道路何去何从?

于是,现代最非同寻常的货币政策"应运而生",它背叛了我们用两个世纪逐渐构建的货币教义。再次引用本·伯南克的话（后来成了官方用语），这是一个"非常规的货币政策工具"，被命名为"量化宽松政策"（*Quantitative Easing*）。更详细地说，前后有三次"宽松"浪潮，第一轮（QE1）从 2009 年 3 月起，它阻止了经济衰退；第二轮从 2010 年 11 月起（QE2），它引起了新兴国家财政部的非议；第三轮（QE3）发生在 2012 年 9 月，它作为防止美国在 12 月坠入"财政悬崖"的一种保险。大规模资产购买计划（*Large Scale Asset Purchases*）允许美联储除了继续调整货币利率，还可以直接定义家庭购房的利率或者企业经营和投资的利率，以刺激经济的复苏。这个计划比银行救助政策的规模要大得多。美联储每月的购债额度达到 850 亿美元；2012 年底，美联储资产负债表的规模已经超过 20000 亿美元。动作虽大，收效甚微。购房利率下落至历史最低点，2012 年底 30 年贷款的利率仅 3.3%，却没有达到预期的效果。增长的潜能一直没有释放；如果将战后走出大衰退时期的平均增长水平作为预期目标，2012 年国民生产总值的实际增长率至少还比预期低 4%。房地产市场出现了微弱复苏，但依然死气沉沉：空置房库存量居高不下（再加上"收楼"①的影响），每年新建房屋不到 50 万栋，而这个数据在 2000 年代达到 125 万，更不用提在布什-格林斯潘时期的顶峰（175 万）。在这样的条件下，就业萧条、失业率（尤其是长期失业）攀升就不足为奇了。投资和净出口对经济的影响非常有限，离"美国的复活"还有万里之遥。实际上，货币宽松政策的主要受益者是华尔街，我们从道琼斯指数可见一斑：从 2007 年 10 月的 14000 点跌至 2010 年 2 月的 8000 点，

①　即贷款买房者无力支付利息后，银行作为放贷方把房屋收回然后在市场公开挂牌销售。（译者注）

降幅为 40％；2013 年 2 月重回危机前的最高点，5 月底上升至
15300 点，创下历史新高，如果从最低点计算，增幅达到 90％！和
布什-格林斯潘时代一样，这是股票高潮引起的财富效应，它联手
几近免费的借贷，让消费成为 2010—2012 年缓慢增长的最优或者
唯一真正的引擎。在这个前所未有的时期，最出人意料的是宏观
经济政策的效果微乎其微。2010—2012 年积累的实际增长仅
6.9％，即国民生产总值增加了 10350 亿美元，效果是有的，但是代
价太大！为了达到这个目标，注入的公共赤字达到 46000 亿美元，
再加上 20000 亿的过剩货币。我们将走向何方？

　　现在我们要深入考察这项"货币新政策"新在何处：它受金融
市场的欢迎，千真万确，上文也解释了原因，但"非常规"这个词暗
含着什么意思呢？实际上，央行向财政部、房利美（Fannie Mae）和
房地美（Freddie Mac）等政府资助机构直接提供融资，它在很大程
度上取代了市场。每月 850 亿，每年 10000 亿美元的融资额度，几
乎相当于美联储直接吸收了联邦政府每年的全部赤字。当然，情
况更加复杂，美联储也购买其他金融机构的债券，财政部发行的债
券不仅有对当年赤字的融资，还包括对过去债务的再融资。我们
说过美联储极力压低长期利率曲线，因此它更倾向于购买长期债
券而不是通常的短期工具；2012 年 12 月，美联储持有 30％十年以
上的债券，40％的三十年期债券；2013 年 2 月，它购买了 75％的三
十年期债券。这是一个怎样的政策呢？它将公债直接变成了货
币，包括最长的三十年期债券！只有一个词可以形容——这是财
政部的货币融资。本·伯南克想尽一切办法远离这个幽灵，我们
可以认为在这一点上，伯南克提前写下了"遗嘱"。为了吸引投资
者和金融分析师的注意，我们继续讨论这个问题并为它添上更具
魅力的颜色。

美联储在公开市场买入公债,减少了债券供给,提高了债券价格,导致利率下降(我们知道利率和债券价格呈反向变化);在这里美联储主席巧妙地提出疑问,这不是货币政策的本分吗? 当然不是,伯南克说,央行的本职是调整货币利率,即银行再融资的成本;此外,本·伯南克在关于 1930 年代危机的著作里将商业银行缺少央行的支持诊断为危机加剧的主要原因之一;这个错误(即忽略了"银行的银行"最后借款人的角色)没有在 2008 年重演。但在这些分析中,从来就没有财政部货币融资的立足之地;这本来难以想象,因为伯南克的研究受米尔顿·弗里德曼的影响,旨在在"大萧条"问题上提出一种与凯恩斯相反的观点。各派货币理论都一致认为:央行是银行(不是财政部)的最终借款人;央行一旦对财政部再融资,结局很难圆满(无数研究结果可以证明)。事实并非如此,美联储主席伯南克反驳道:"这其实是换了名字的货币政策。"为了说服犹豫者,他毫不犹豫地反对"开动印钞机"这个通俗的说法;伯南克是一个不折不扣的观察家,他强调说,"计划实施以来流通货币的总量保持稳定"。话虽这样说,我们还是要重新审视这个问题。

央行的资产负债表不是用来投资的"资源",美联储也不能将投资的收益装在腰包,等待合适的时机再次投入市场。央行用无中生有的"资源"购买资产,这本身就是一种创造货币的机制,后果是银行的资产负债表在三年内增加了两倍。在这一点上,本·伯南克做出了让步,他勉强承认这些资产确实增加了"货币基数"的供给。"印钞机"虽然只是一个形象的比喻,但它触及到了问题的核心,面对这些诡辩之词,米尔顿·弗里德曼或许会在坟墓里展开唇枪舌剑了吧! 令人吃惊的是一个听讲座的学生把问题挑明了:"主席先生,您肯定地指出退出大规模资产购买计划有几种办法,哪一种能保证投资者愿意在将来赎回这些资产呢?"答案令人宽慰,但难免含糊其辞。不管怎样,这个答案在一年以后失去了学术价值。因为在 2013 年 6 月,美联储宣布从即日起到 2014 年夏逐步退出量化宽松政策;宽松的"大限"临近;经济再次驶入"陌生的海域",航行艰难,市场不知道该向哪个菩萨烧香。

我们知道,银行是欧洲金融中介的主角,而美国的主角是金融市场。因此,美国市场发行的企业债券高达 45000 亿美元。敏感点在于信贷市场是不对称的;发行债务的企业财务主管完全可以自由选择利好的时机以最优的条件融资;但是债券一旦在一级市场发行,投资者的处境就各不相同了,二级市场有铁的规则。如果利率下降,投资者的选择很简单:要么持有债券,边际收益下降;要么抛售债券,实现盈利。如果利率进入上升通道(本·伯南克隐晦地提到),情况就更加复杂了:债券价格下降(与第一种情况相反),投资者面临的是亏损和资产的流失。前景令人沮丧! 金融界凭经验知道当利率再次攀升时再定义退出的战略就已经太迟了。我们对以下情景记忆犹新:1994 年 2 月 4 日,美联储宣布它将"稍微对银行储备施加压力",就这寥寥几句引起了令人难忘的债市崩盘。从此,央行意识到沟通的重要性,必须引导市场预期,给民众留下时间进行"钱包"调整。阿兰·格林斯潘就是这样做的,当他决定退出自己一直主持的宽松货币政策的时候:美联储经过连续 17 次 25 个基点的加息后,利率从 2004 年夏的 1% 提高到 2006 年春的 5.25%。不要忘了,一年以后出现了金融危机最初的征兆:著名的金融家沃伦·巴菲特(Warren Buffet)讽刺地总结"只有退潮后才知道谁在裸泳"! 这项前所未有的宽松政策实行了四年多,我们难免担忧它的退出是否会在流动性和潜在亏损方面造成前所未有的恶性后果。

因此,本·伯南克在沟通中用语非常谨慎,语气非常委婉。宽松货币政策的退出取决于经济形势和劳动力市场的复苏能否达到美联储公布的预期目标。其实,每个人都认为"退出"是不可避免的,只是时机未定。现在公诸于世了。两个相反的风险摆在面前,要么这个决定还不够成熟,要么和七年前格林斯潘的决定一样,"太少,太迟"了。无论哪种情况,本·伯南克的赌注都是高风险的,原因在于"退出"的先决条件是形势的稳定。美联储对经济复苏的预测比以前更加乐观,它宣称 2014 年的经济增长会企稳3%,年底失业率回落至 6.5% 以下。在这样的形势下,经济完全能抵抗住温和、逐步的加息,股市将全线飘红,"钱包"重组也会逐步实现……迄今为止,一切顺利。

令人不安的是,国际货币基金组织将美国 2014 年经济增长的预期下调了 0.3 个百分点,它明确指出经济有下滑的风险。这也是上文分析得出的结论。为了重振经济而破例创造流动性,等于用流动性淹没投资者(这是被小心翼翼地关在金融投资笼子里的流动性),等待经济出现真正的复苏,过剩的产能自我吸收——我们一直在期待这些喜讯得以确认。如果再等几个月,本·伯南克还不能实现这些乐观的预测,我们将在 2014 年(政策实行四年之后)看见谁在裸泳。

回忆到此为止。奥巴马上任后着重展现的是美国的风采,而非总统的魅力。我们可以将总统的功绩列举如下:在严峻的形势下,他没有犯什么大错;他恢复了美国在世界的形象(在美国国家安全局大规模国际间谍活动曝光之前);他证明了对阿富汗撤军是一个慎重的决定;他消灭了头号公敌本·拉登;他稳定了自由下滑的经济;他着手进行了根本的结构改革(尽管还未完成)。但美国对这个总结并不满意:它在危机面前发现了自己的弱点,惊慌失措地摸索解决的方案。面对中国的强大，它忧心忡忡，不知所措。危机对美国犹如当头一棒，美国能相信谁呢？它对前途担心却又拒绝税收，反对国家干预。美国在未来的社会模式上出现了分歧，2012 年的大选本该是一个抉择的时刻，最终却一事无成。

美国变得无法治理，它在未来的国际金融货币关系中扮演的角色还是一个大大的问号。美国的相对衰退已成定局。它今天面临的挑战与昨天的强大程度成正比；就这一点而言，美国的历史和一个世纪前的英国有异曲同工之处。如果同期比较，美国比英国具有更多的优势——从原材料到创新力。在未来十年里，美国将继续在全球事务中保持领先地位。美元不同于人民币（中国的强大仍在孕育之中），美元也不同于欧元（只是自愿创造的非国家货币），它是当之无愧的世界领导国主权的表达。

小　结

　　以上三章对全球地缘经济形势进行了分析,我们得出什么结论呢？每章的标题已经表明国际关系是一个国家利益相互交织的大舞台,任何对全球经济体系的思考都应该从这里出发。历史记录了许多片段,我们看到各国利益常常不可兼顾,而利益的冲突往往是暴力的。金融危机、增长减速、失业攀升以及在原材料、贸易、投资和汇兑等方面的种种压力形成了脆弱的全球经济环境。我们通过以上三章的分析发现中国、欧元区和美国面临的挑战具有惊人的相似性。

　　首先是经济挑战的相似性。尖锐的失业问题无处不在,解决方案都从两个维度提出:一方面要增加岗位数量,让数以万(亿)计的人就业;另一方面要提高就业质量,避免临时就业和降级就业等陷阱。无处不在推动创新,寻找新的增长点;无处不在进行触及既得利益的结构改革。

　　其次是内部压力的相似性。"更好地分享经济增长的成果"这个老问题没有国界。劳动报酬停滞不前,或者说和飞涨的资本收入相比少得可怜。更有甚者,资本自由流动在发达国家引起的税收竞争对资本收入非常有利,腐败成了中国的心腹之患。全球化加剧了社会的不平等。社会平衡问题无处不在。

在这样的形势下,各国政府面临着巨大的政治挑战也就不足为奇了。欧元区可以治理吗? 我们经常自问。这个问题对美国和中国也同样适用,随着经济的发展,中国社会形态更加多样化,也提出了更高的政治要求。我们深刻地感受到必须满足人民的需求,否则,民粹主义或者民族主义就会乘虚而入。

最后,外部经济问题是各国政府考虑的核心,即使在内部的政治讨论中透露不多。无论在哪个国家,海外市场都是一个核心问题,不是为了保证出口产业的成功(在中国或者德国,出口产业是经济增长的引擎),就是为了让经常账户回归平衡(比如美国或者南欧等赤字国家)。金融问题让中国和德国等债权国忐忑不安,担心资产贬值,而债务国却害怕利率上涨甚至资本流的中断。

除了上述的内部挑战,可能还会出现火上浇油的情况:比如核危机、恐怖主义,或者无法控制的传染病(有人认为禽流感可以将我们带回到黑死病的时代);这些假设尽管发生的概率很低,却不能完全排除,全球经济在一个崭新的活力中摇摆不定。如果我们仅考虑经济因素,全球经济的未来取决于中国、欧洲和美国这三个主角的战略部署。与两战之间不同的是,"各人自扫门前雪"暂时还只是极端主义者的观点,这个想法将会付出沉重的代价:债权国的资产难以挽回,债务国无法获得新的融资,各国海外市场缩水,一场货币战争捍卫着所剩无几的世界份额。各国政府在危机之初选择了合作共赢,它们还会继续坚持吗? 它们会开展比二十世纪更有效的国际合作吗? 这些问题刻不容缓,我们应该给出答案。

第三篇

全球治理与国际货币

要厘清货币之间的关系，仅靠纯粹的经济学分析是不够的，因为政治关系无处不在。我们需要借用国际关系理论，该理论主要分为两大流派。一个强调主权国家行使权力不可避免地会引起国际对抗；另一个重视国家之间的相互依赖，这种依赖关系界定各国的行为范畴及合作的可能性。我们从这两个流派各取所需，同时注重国家利益的分量和领导国霸权的影响。历史上英美两国先后构建了开放的国际经济秩序，它们的货币——英镑和美元成为了事实上的国际货币。相互依赖理论是理解开放的全球经济的必修课，因为每个国家的"加盟"都符合本国利益。

　　美国的相对衰退、欧元的诞生和中国的崛起深刻地改变了国际关系的逻辑，为二十一世纪贴上了多极化的标签。一方面，全球主要国家利益与共，唇齿相依；开放的经济没有公开的敌人。另一方面，全球化的代价、危机造成的损失、经济复苏无力和不可持续的货币政策等多方面因素促使各国捍卫眼前的国家利益，将全球化当作替罪羊。我们又回到了1944年布雷顿森林谈判提出的一个问题：开放的国际经济应该具有吸引各国"加盟"的能力。二十一世纪能否依靠有效合法的多边制度在国际合作方面更进一步呢？改革后的国际货币体系是否能和以前一样成为多极化国际新秩序的支撑呢？

第七章　全球化能够"治理"吗？

　　2014 年是第一次世界大战爆发一百周年,也是布雷顿森林体系建立七十周年。1914 年开启了一个悲惨的时代(大萧条和二战);1944 年标志着这个时代的终结。四十四个国家在布雷顿森林决定构建国际制度,这些制度促进了战后的重建,伴随着工业化国家半个多世纪的增长,让众多的新兴国家共享繁荣。我们曾经以为十九世纪的繁荣是领导阶级的特权;1990 年代之前的繁荣属于发达国家的中产阶级。的确,开放的世界比以往任何时候都需要国际合作,但合作的条件应该重新界定:二十一世纪所需的国际制度应该与时代的现实和挑战高度契合,今天已经不再是 1944 年。言之有理吗? 如果历史上的霸权国不能再对世界施加同样的影响,开放的世界体系何去何从? 全球化是否已经走过了高峰? 新的全球经济领导权是否会转向亚洲? 在一个多极化的世界,多边主义还有未来吗?

走向后霸权时代的国际体系

　　从"地缘历史"的角度,我们看到控制着广袤领土的经济和军事强国上演着一幕幕兴衰更替的戏剧。从古至今，绝大部分人都生活在具有帝国性质的政治堡垒中。由此形成的国际体系是一个划分了等级的舞台，除非发生侵略、军事冲突或者内战，均由最强大的国家主持互动的逻辑并制定规则。帝国或者霸权势力当然追逐自己的利益，包括对附属国资源的开采；但是除了一些难以持续的野蛮制度（比如纳粹专制），中心国必须考虑国际体系的整体利益，至少不能忽略它自己制定的规则。国际体系越能给附属国带来繁荣与安定，也就越能保证中心国的长期利益。换句话说，只有当中心国能维持全局的协调，国际体系才能稳如泰山。中心权力一旦粉碎势必导致领土四分五裂，引起混乱的斗争。几个世纪以来，罗马的废墟上不断上演着新旧势力的交替；中国在几千年的改朝换代中"分久必合，合久必分"，这些都是理解国际体系的典型形象。十九世纪和二十世纪的开放经济本质上是不同的。十九世纪的工业和海洋革命带来了翻天覆地的变化：帝国的政治随着资源的改变而改变。

　　在工业和海洋革命之前，国家的实力与其控制的领土和人口之间具有直接的联系，这个逻辑持续了几千年。全球政治建立在"地广国强"这个简单的原则之上。这个原则是怎样体现在十九世纪的英国和二十世纪后半叶的美国呢？我们需要认清旧帝国体系的特征——等级划分明显，军事力量至高无上以及十九世纪"殖民帝国"的兴起。"帝国主义"这个词概括了与旧帝国体系的相似性，它毫无争议地成为当代史的核心；但"全球化"无法充分体现影响世界体系活力的变化，比如"民族国家"在两个世纪内成为了普遍的政治组织形式。到二十世纪末，我们才更清楚地发现本次"全球化"独一无二的特点：一是资本主义成为了经济强国的原动力；二是民族国家成为了政治组织的形式。如果要考察世界体系在二十一世纪的走向，我们需要更透彻地理解"帝国主义"和"全球化"之间不断调整的关系。下图呈现了十九世纪中叶以来国际体系的主要特征。

国际体系的历史分期（1840—2030）

	世界体系	资本主义的性质	权力的组织方式	资本/货币汇兑
1840	开放进行时	竞争性/工业	民族国家协调管理	受限/金银复本位制
1870	开放	竞争性/金融	帝国/权力较量	自由/金本位制
1914	重商主义	行政管制	国际对抗	债务/货币无序
1944	开放进行时	嵌入式/工业	霸权/多边组织	受限/固定汇率
1979	开放	嵌入式/金融	单边主义	自由/浮动汇率
2008	开放？	资本主义之间的竞争？	全球治理？	协调管理？
2030？				

　　这个图表首先总结了资本主义两次占领全球的方式，它自然地强调了从竞争性资本主义到嵌入式资本主义的过渡。它还详细地比较了 1840—1914 和 1944—2008 两个时期的特点：在第一个时期，商品自由贸易，工业是经济活力的主要引擎；在第二个时期，资本自由流动，金融成为经济的主要推动力。在这两个时期，民族性都表现出狂热的活力，首先是十九世纪欧洲各国的统一，然后是二战后拉丁美洲的独立战争。二十世纪经过两次尝试带来了前所未有的政治创新；十九世纪上演了"民族国家协奏曲"，是对欧洲霸权形象的完美概括；二十世纪流产的"国际联盟"和二战后成立的"联合国组织"都是全球政治组织新模式的制度反映。

　　二战以后（二十世纪前半叶是重商主义的天下），开放的国际体系促使国际关系专家强调其"自由"的特点（当然没有人高估"自由"的积极意义）。英国或者美国领导权的确立不仅是"自由原则"普照世界的结果，这段历史还包括法国殖民主义，当时各种形式的暴力占据重要的地位。在深入考察的基础上，我们提炼出这两个时期的主要区别。从纯粹经济学的角度，英国霸权期是自由的，英国势力在全球范围的投射保证了海洋的自由和英国贸易的优越性；但是从地缘政治的角度，国际体系的组织是彻底"非自由"的，它具有帝国的形式和本质，建立在对领土和人口的直接控制之上。美国霸权期的逻辑截然不同。当然，美国的霸主地位不容置疑，它毫不迟疑地利用一切特权；军事力量和政治暴力在国际体系的组织中一直扮演着核心角色；但它不再对附属国实行直接的控制：美国对海湾石油国家的控制和维多利亚女王对印度的管辖大相径庭。

为了体现这两个时期的根本区别，我们给十九世纪和二十世纪的国际体系分别贴上"帝国"和"霸权"的标签。无论在哪个时期，世界经济都是一个开放的体系，它的运行不仅反映了体系内权力的平衡（或者说"不平衡"），也反映了各种协定、规则和国际制度的存在。上文所做的区分强调了十九世纪力量关系的决定性地位和制度因素在二十世纪下半叶史无前例的发展，后者导致了真正多边体系的诞生。多边主义通过规则和制裁规范所有成员（也包括领导国）的行动，它激励每个成员一方面追逐本国利益，另一方面遵守共同的游戏规则。十九世纪出现了万国邮政联盟和少数类似的机构；二十一世纪我们生活在一个多边的世界，多边主义渗透到每一个经济领域。比如，本地农场和超市形成的"短渠道"之所以具有吸引力，是因为这是一种罕见的模式，普遍存在的是经济活动的细化分工。在日常生活中，我们意识不到身边庞大的制度、法律、税收和政治机器，它们的运转使生产、交换、消费、储蓄和投资等不同领域的紧密依赖成为可能。总之，二战后的多边主义（比如布雷顿森林协议）确实开创了全球治理的时代。但它难道没有在冷战结束和二十一世纪之交的全球化中表现出倒退的趋势吗?

多边主义诞生于两极格局的时代。冷战结束后,多边主义仍然存在,却呈现出一种例外的、暂时的形式:苏联解体,美国失去了战略对手;日本陷入通货紧缩,中国的发展才刚刚起步,美国经济无人制衡;欧共体为单一货币踌躇不决,美元独占鳌头。十九世纪末的英国从未有过这样的好光景。于贝尔·韦德里纳(Hubert Védrine)说二十世纪末是"超级大国"蓬勃发展的时代;马德琳·奥尔布赖特(Madeleine Albright)说美国成为"不可或缺的大国";弗朗西斯·福山(Francis Fukuyama)说这是"历史之终结"。从地缘政治的角度,无论是克林顿的低调,还是小布什的张扬,美国牢牢掌控了这个史无前例的世界舞台。"单极"世界的欲望重生,布什政府极力推行单边主义的外交政策。美国再次成为超级强国,它贪婪地追求独享特权。迪克·切尼(Dick Cheney)、唐纳德·拉姆斯菲尔德(D. Rumsfeld)和詹姆斯·沃尔芬森(C. Wolfensohn)等布什政府的核心力量已经策划好"单极"世界的理由:美国可以摆脱旧秩序遗留的多边主义规则和程序带来的繁文缛节;既然世界体系不复存在,这些条条框框也没有了用武之地。于是帝国主义倾向回归。历史很快就证明了这种倾向是没有出路的;美国面临着巨大的金融困难,哪里还有实现如此野心的实力,况且它对世界的看法很快就过时了。当美国还在"单边主义"的梦乡酣睡的时候,一股地下的力量正在改变世界,它质疑着历史上的霸权。两个趋势无法调和,一个将美国卷入"反对邪恶势力"的漩涡,一个将新兴国家的崛起推至幕前,今天的世界体系走到了十字路口。二十一世纪迈进了后霸权时代,对它的定义蕴含着三个主要的挑战:美国如何阻止自己相对衰退的趋势? 酝酿中的多极化世界何去何从? 世界的异质化(西方不再是定义共同制度和价值的唯一标准）会带来什么？

历史的长河滚滚向前……

第一个挑战居然是美国领导权的削弱。在未来十年（甚至几十年）内美国仍然是世界的主要大国，但它呼风唤雨的领导能力却今非昔比，国际环境的稳定性也不如从前。需要说明的是美国经济和军事实力天下无敌的地位还将继续保持。尽管有人宣称中国在未来十年或者十五年会跃居世界第一经济强国，这个重要的变化无人低估，但我们经常忘记这只是"总量"的反映。最典型的赶超应该体现在生产率和生活水平的大幅提高（以欧洲和日本为例）；如果中国要在这两个方面迎头赶上，其国民生产总值就不是和美国相等，而应该是美国的五倍（鉴于人口数量的差距）；这个假设未免有些异想天开了。中美国民生产总值即将相等，这是一个重要的事件（至少相等的 GDP 允许相等的军事开支），其影响很容易被高估，忽略了美国在生产力、灵活性和创新方面的显著优势。有一点可以肯定：无论世界经济体系如何改变，它都是符合美国利益的。美国不再是布什政府眼中当之无愧领导全球事务的单极大国，这一页已经彻底翻过，但是世界仍然需要美国的积极参与。主要体现在哪些方面呢？911 恐怖袭击、阿富汗和伊拉克的"反恐战争"、伊朗和朝鲜问题、中国军事实力的发展及亚洲海域的争端将美国的关注点引向了安全问题，而不是如何改善世界经济体系的运行，然而金融危机的爆发证明了后者的必要性和紧迫性。英国霸权漫长而逐步的衰退告诉我们：帝国或者霸权国的相对衰退不是线性的，也不是按部就班的，而是一个充满着疑问、失望、竞争和危险的过程。现在，我们在十字路口徘徊，首先要面临的困难是美国的角色,美国对本国利益的定义和它在一个不那么如鱼得水的世界为自己定位的方式。

第二个挑战是世界的多极化。历史经验表明国际新体系往往出现在明确分出胜负的战争之后,比如威斯特伐利亚和约、维也纳会议、凡尔赛条约、旧金山和约和布雷顿森林协议。很多人惊讶地发现除了已经流产的小布什的"单边主义"计划,冷战结束后没有出现新的国际体系。实际上,美国对苏联共产主义取得的"胜利"从来就没有产生如弗朗西斯·福山在《历史的终结》里所宣称的决定性影响。西方的胜利也曾轰动一时,我们还记得柏林墙倒塌的夜晚和罗斯特罗波维奇(Rostropovitch)的交响乐,但是从某种程度上说,西方的胜利只是昙花一现。当然,我们知道苏联共产主义的垮台突显了美国及整个西方的绝对优势。然而,这是历史的胜利,它昭示着二十世纪的悲剧落幕,但在另一方土地,尤其在中国,引领世界走进二十一世纪的力量正在兴起。全球瞩目的震撼！新兴国家迫不及待地维护自己的利益,在几年之内就对美国的霸主地位和西方的原则提出了挑战。利益不同的国家和平共处,这不是历史上的第一次。以十七世纪为例,日耳曼民族神圣罗马帝国、奥斯曼帝国、蒙古国和中国按照自己的政治和文化逻辑各据一方。在多极化的世界,美国、中国、俄罗斯、印度、欧洲、巴西和非洲在市场和安全方面的联系将更加紧密。如何界定全球主要国家的权力范围？如何控制它们之间的利益冲突？这是十字路口的第二个挑战。

第三个挑战是世界的异质化。新兴工业国家对世界的冲击还远没有消化。西方人最难以接受的是对一些观念的质疑,比如现代性是西方与生俱来的;或者欧美近两个世纪的成功源于我们(西方人)能更好地发掘经济成功的秘方;我们掌握着阿尔及尔、布宜诺斯艾利斯、马尼拉和莫斯科都无法效仿的秘笈。在这个假设下，新兴国家（以日本和韩国为例）的成功取决于它们复制秘方的能力：私有制、竞争、民主和法治。今天这样的教义被彻底撼动了，现代化以不同的方式在全球蔓延：从北京到巴西利亚，从孟买到开普敦……西方得益于多党竞争的优势，抓住了海运和工业革命带来的机遇，它从十八世纪就表现出比等级制帝国更加灵活的制度特征。但是，近四分之一个世纪的历史证明了集权制、非民主国家在全球化新浪潮中抓住机遇的能力；反过来说，金融危机残忍地暴露了西方"完全市场"模式的局限性，从华盛顿和布鲁塞尔没完没了的金融争论中我们看到了西方民主游戏的缺陷。在这里，我并非要声讨市场和民主作为经济和政治的组织形式已经过时；我只是尝试从金砖国家的角度看世界。它们认为全球普遍效仿西方的模式已经翻篇了：中国从来就没有信服过"历史终结"的观点！西方和非西方（再次使用二分法）展开了竞争，争夺的当然有利益，但尤其要较量的是地位和价值观。正在进行的转型不仅涉及对全球化经济利益的公平分配，还包括权力的分配和未来国际秩序的概念本身。

因此，历史并没有终结：它在"单边主义"稍做停留后又继续向前；关于未来国际经济关系的预测层出不穷。本文不求全面详尽，仅举四个版本为例，以求达到管中窥豹的效果。第一种预测似乎顺理成章，它对中国的崛起大做文章，宣称中国是未来世界的领导国：马丁·雅克（Martin Jacques）在2009年出版的《当中国统治世界》一鸣惊人；阿文德·萨勃拉曼尼亚（Arvind Subramanian）的新书《黯然失色：生活在中国经济主导地位的阴影下》通过更加复杂的理论框架描绘着同样的前景，甚至明确指出中国经济的霸主地位已经建立，并预言人民币将在未来十年成为第一世界货币。这和我们的调查结果相距甚远。毋庸置疑，中国的崛起是改变未来经济和地缘政治关系的主要因素之一；中华文明延绵不绝几千年，这在世界上绝无仅有，中国的发展具备西方所缺少的历史深度。但是我们无法从上文的分析得出支撑"中国霸权"（继英美霸权之后）的论据。中国的生产力水平还相当低，不具备"超级大国"的经济条件；政治紧迫性促使中国政府必须首先解决国内的多重挑战；中国还无心承担全球事务，没有成为世界领导国的强烈意愿；"中国模式"的国际魅力还无法与"美国梦"相提并论；中国吸引"盟国"的能力还有待提高。以上罗列的条件无一具备，中国不可能启动一个如此具有野心的计划，主动去和美国、欧洲、日本、印度等国家达成妥协或者签署协议。除了增长曲线的支撑，中国统治和组织世界体系的预测论据薄弱。如果说中国已经位居世界主要大国的前列，它重点关注的还是抹去十九世纪屈辱的最后痕迹。中国也不例外，它也需要在多极化的世界找准位置，定义角色。

　　第二种预测稍作修改，将主角换成了"金砖国家"。中国不能独自承担"世界领导国"的重任，但它能否带领金砖国家提倡以全新的方式（不同于两个世纪的殖民主义、帝国主义和不平等发展所遗留的方式）来组织世界呢？从叶卡捷琳堡到德班，每年一次的金砖峰会是 G20 国集团成立后的又一大创新，它是 G7－G8（与 G20 并存）集团峰会的某种反映，其象征性影响不容忽视。这也是预测金砖国家领导世界的根据。但这样的判断操之过急了！金砖国家联合的根基薄弱，因为五个国家的政治和经济利益不会自发地趋同，更何况每个国家对世界的看法各持己见。我们能想象金砖五国的特使同 1944 年的怀特和凯恩斯一样通过谈判达成协议，将共同的计划提交到 G20 集团并指望其他成员国欣然接受吗？不过最近的两次金砖峰会筹备成立一个与世界银行并驾齐驱的发展银行，这个提议具有建设性,也是可行的。发展银行可以调动对外盈余宽裕的国家丰厚的金融资源,用于全球化所需的重大项目融资,比如自然资源开采或者基础设施建设。相比提供国际核心机构(国际货币基金组织和世界贸易组织)的"另一种选择",这个计划更加现实,更具操作性,但谈判却陷入了僵局,因为和所有国际合作计划一样,它提出了金砖五国目前还无力解决的政治难题:银行的介入原则是什么? 与世界银行有何区别? 成员国的份额如何划分? 如何组织决策的程序? 最后也是最大的难题,机构的总部设在哪里? 第一任行长的国籍是什么? 尽管每个问题都有答案;但经验告诉我们,诸多难题将形成巨大的障碍。总之,金砖峰会映射了经济大陆的结构转变;但它暂时还不能成为冶炼"后霸权世界体系"的熔炉。

综上所述,新兴国家的崛起和世界经济中心向亚洲的转移不会必然地产生新的领导国;有人认为这足以让美国在二十一世纪继续一统天下。这种预测深受新保守主义的影响,建立在对美国文化根深蒂固的信仰之上,他们认为美国是天之骄子,"天意"委以重任,使之位居全球前列,领导世界事务。实际上,美国既不具备雄踞天下的实力,也不具备领导全球的能力。但也不排除这样一种历史局面:如果美国的竞争国逐渐走向衰落,它就能侥幸地维持领导国的地位。一方面,中国的诸多问题有可能成为导致社会和政治不稳定的因素;另一方面,欧洲主权债务危机后加强一体化的计划也有可能半途而废。如果局势这样发展,美国就成了世界舞台上唯一的主角。从激进的角度来看,这个观点包含不稳定甚至危险的因素,因为它可能挑唆美国利用其军事优势(如果有必要的话)击垮中国(如同当年对苏联一样);它反映了对冷战的怀念,尤其让人联想到美国发动伊拉克战争的战略目的;如此观点只会引发新的军事冲突。罗伯特・卡根(Robert Kagan)提出了一个较为温和的版本——"民主的领导"（自然是美国治下的民主！）。世界同样会被卷入"善恶之争"，今天的专制制度将和二十世纪一样对西方施加威胁，直击西方文化的核心；面对这个威胁（和反法西斯主义的斗争一样），新的民主联盟即将出现，它们共享的价值观已经取得过成功。总之，以上观点无论怎样粉饰也难以掩盖小布什所推行的"单边主义"的回归。

最后一种预测令人不安——没有领导国的世界。追根到底，它意味着什么呢？中美关系吗？那些快刀斩乱麻的人立即想到：在中美两国并驾齐驱（当然更好）的形势下酝酿的国际体系难道不是双极主义吗？G2集团将成为解决世界领导权的一种高雅方式：两个超级大国瓜分着巨大的利益，背后尾随着一群既没有能力也没有野心的小国，这足够让弗莱德·伯格斯坦（Fred Bergsten）提出中美两个超级大国之间具有一种特殊的关系。之后，罗伯特·布鲁斯·佐利克（Robert Zoellick）、兹比格涅夫·布热津斯基（Zbigniew Brzesinski）和尼尔·弗格森（Niall Ferguson）再次重申这一观点。有人甚至用"中美合一"（Chinamérique）来指代中美共同领导世界的秩序。毋庸置疑，中美双边关系的性质是全球未来的重要组成部分；目前还存在着各种机制（比如中美经济和战略对话）组织两国政府的定期磋商。中美政府在每一轮对话（比如2013年春习主席和奥巴马总统的会晤）都充分肯定了双方保持友好关系的重要性（即使在网络安全等敏感话题上），双方应该尽力避免任何具有潜在压力风险的贸易、金融或者军事摩擦。最近，中美双方（更不用说其他国家）都接受了应当将经济和战略对话制度化的提议，该机制旨在为当今世界的各种问题（从恐怖主义到气候问题）寻求解决方案。温家宝总理在奥巴马总统访华之际再次强调了这个提议。因此，中美G2的预测不过是"海市蜃楼"。在考察了对未来世界体系的四种预测之后,我们发现组织多极化世界所提出的挑战不仅是一个领导国的问题:应该明确地将国际合作提上日程。

国家利益与国际合作

　　领导权的削弱、大国的利益冲突、制度和价值观的竞争,这是二十一世纪后霸权体系的关键词。正如上文所说,战争往往是历史的助产士。我们再次回到与英帝国主义衰落的对比,这段历史经常作为中美较量必然性的依据;下此结论未免操之过急。一战前夕,英国的战略对手是德国(美国只是候补)。已经成为世界第一经济强国的美利坚关注的重点是如何开发国内市场的巨大潜力,"美国的正事就是做生意"这句谚语是对其政治报负和政治争论的完美概括。当时美国的外交政策是门罗主义,表达了它成为区域强国的愿望,但它对施加全球性影响并不在意:美国在经济领域举足轻重,在政治舞台上却退隐江湖,几年后国际联盟的流产证明了这一点。德国不仅国民生产总值和英国并驾齐驱,其科技实力已经超过英国,在机械、电子和化工等领域脱颖而出,这些产业优势推动它寻找新的出路。德国和英国的角逐是领土的瓜分,德国后悔没能更早地加入争夺殖民地的行列,它决心后来居上,让出类拔萃的工业潜力为军国利益服务。今天,世界走向后霸权时代的进程与这段历史没有任何相似之处,倒是有四个主要的区别需要指出:美国相对衰退的程度不如二十世纪初的英国;世界政治经济问题已经不是领土的瓜分;中国不是"威廉一世"时期的德国;国际依赖问题被普遍认为是国内政治稳定和经济繁荣的主要维度。

　　如果我们认为中美军事冲突的概率很低,如果不用武力来解决未来的国际体系问题,那么国际合作就是唯一的方向。这个说法会引起新保守主义者(并不排除其他)的怀疑甚至讽刺的一笑。谁都知道国际集体行动绝对不是自发的。现实主义者各自追逐着本国的利益。各国都面临着相似的困难:经济增长乏力(或者不稳定),社会问题堪忧和政治制度失灵。在这样的形势下,各国政府已经筋疲力尽,不愿在国际事务上浪费太多的时间,毕竟国际谈判带来的利益并非触手可及。在金融经济领域之外,紧张的国际氛围居然在 2013 年春重现:奥巴马和习近平在中美战略对话中谈到的网络袭击;中国和日本及东南亚国家之间的领海争端;奥巴马和普京在叙利亚和斯诺登泄密事件上的分歧;奥巴马和默克尔因间谍事件出现的嫌隙;在刚启动的"欧美自贸谈判"中,法国总统奥朗德坚持的"文化例外"原则;英国和欧洲邻国关于伦敦金融城政策和英国是否"退出欧盟"的讨论。以上几个例子不仅证明了国家利益的回归,还证明了我们处在一个资本主义竞争的时代。美国的"自由市场主义"已被忘记,但我们还远不能就"欧洲福利模式"或者"中国社会主义市场经济"达成共识。总之,当今现实似乎无法勾勒出正在构建的世界政治社会的图景。真的确定无疑吗? 即使从严格现实主义的角度? 以叙利亚的悲剧为例。在 2013 年夏叙利亚发生化学武器袭击后,奥巴马政府以此为由申请国会授权对叙动武并认为军事行动刻不容缓。而化学武器的来源国俄罗斯力挺叙利亚政府,称美国的军事打击是对和平的严重威胁。评论家已经观察到冷战的回归。就在此时,G20 集团圣彼得堡峰会召开,这是一个纯经济领域的峰会,叙利亚问题并未列入会议议程(日程在很早以前就已经确定),也没有激发各国的高度热情。但是,这个问题出其不意地在国家首脑的晚餐上被提及,两个阵营依然未能达成共识。观察者甚至发现晚餐后的奥巴马在制裁叙利亚问题上似乎越来越孤立。但几天后,美国和俄罗斯在以外交途径解决冲突上达成一致。现在总结经验还为时过早，但这一幕足以说明仅从现实主义观点出发就等于扼杀了国际合作向前迈进的机会。

我们转向另一个角度，它反对现实主义者的悲观，认为将任何谈判看作是此消彼长（总和为零）的游戏是狭隘的。我们在上文看到，民族国家一方面追逐国家利益，一方面接受一个开放世界的游戏规则，从总和为正的游戏中获益。那么，我们从与现实主义相反的角度来理解当代问题吧。国际合作在当今不仅行之有效，它还是不可或缺的途径，我们几乎每天都在验证这一点。二十一世纪是一个扑朔迷离、危机四伏的时期，世界充满着跨国界的风险：金融、经济、气候、移民、恐怖主义、核武器、网络袭击、诈骗掠夺、流行病……哪一个不是全球性的问题？千里之外的决定影响着我们的处境和未来；而我们的决定也左右着千里之外人民的命运。相信民族国家能在任何形势下与全球化的各种风险单打独斗，保护国民的安全，这一定是异想天开。从此，国家的安全与繁荣和世界的安全与繁荣密不可分。国际依赖的提升无疑是全球化最根本的后果之一（但不一定是最易察觉的）；更重要的是，该结论即使对美国、中国、欧洲等最强大（或者说最发达）国家也同样适用；尤其重要的是，各国政府都坚信追逐国家利益无可厚非，但并不排除对国家利益做出更加明智的界定。

国家利益冲突的出路在哪里呢？应该将国家利益的范围最大化，切实促进利益的趋同。挑战迫在眉睫：能源（更广义地说是原材料）供给、贫穷和粮食、引发地缘政治问题的领海争端、军火和毒品贸易、税收天堂和洗钱……市场无法提供所有的答案，相反，它制造出许多混乱和不公平。市场的无能在历史上清晰可见，金融危机之后尤为明显。市场的自我调控——看不见的手没有达到预期的效果。如果说全球化不应该被指控为万恶之源，那么我们必须让全球化更加有效、更加公平、更加合法。面对这些需求，全球的公共产品远远不够，世界无奈地走进了二十一世纪。走过四分之一个世纪的国际制度后继无人。在这四分之一个世纪里，里根之后的美国（克林顿任期是一个短暂而表象的例外）出于对市场机制天真的信任，对所有的国际制度不屑一顾。以上的问题息息相关，牵一发而动全身！多边主义的时代到来了，因为全球性的问题需要全球解决！应该让这个在政治层面构建的世界生命延续，这需要大胆的预见力，不亚于经历了半个世纪的战争和悲痛之后还能勇敢地勾画未来（避免经济萧条的回归和全球冲突的重演）的能力。现实中的国际合作运行不畅，二十一世纪需要更加长远的目光，这是一个动员的因素。治理全球化不是调整"全球资本主义"，这毫无意义，因为根本就不存在全球资本主义。治理全球化不仅要在各种形式的资本主义之间，还要在国际舞台的主要大国之间寻求沟通和可能的妥协：这就是多边主义。它有未来吗？

世界体系的"大转型"

《大转型》是卡尔·波兰尼（Karl Polanyi）的一本影响深远的著作，作者在书中描述了社会对自由市场专制的反抗，他认为劳动法和社会保障等新制度的建立是为了将市场融入社会框架，以规范其运行。该书主要分析了十九世纪的竞争性资本主义，波兰尼指出，在本世纪前半叶由于过度自由的市场超越了社会容忍的限度，法西斯和共产主义这两种重新掌控市场的力量才应运而生。面对社会、政治和战略利益的冲突，我们将迎来怎样的国际新体系呢？这次革命（大转型）非同寻常，无论我们称之为凯恩斯主义、罗斯福主义还是社会民主主义，它都为斗争指明了出路，让战后的增长成为了可能。在第一次全球化和计划经济（或者战争经济）山穷水尽的时候，资本主义找到了"柳暗花明"的出路——让国家大规模的干预合法化，以弥补市场的不足；这个时代通常被称为"福特主义"。当时很难预测到资本主义有如此的"大转型"；但正是因为资本主义常被误认为是无法改良的，民主是无能的，我们没能逃过两战之间的战争悲剧和政治历险。从这次大转型得出的经济、历史和政治经验是社会应当将过度的竞争性资本主义纳入制度和规则（来源于政治决定）的框架，疏通市场的活力。在西方这种做法相当普遍，根据每个国家的历史和社会特点在市场和国家之间建立新的关联。我们目前的假设是在第二次全球化之后，自由市场反反复复的过度让二十一世纪面临着类似的挑战；在世界政治经济史的这一页，力量的平衡是关键，不仅要平衡各国资本主义内部的力量，还要平衡各国资本主义之间的力量。

　　我们再次面临因市场在全球范围蔓延引起的危机。由此带来的不稳定、前途未卜和担忧滋生了反对开放经济的思潮，表现的方式多种多样，比如"反全球化"或者民族主义倾向。这种自闭的观念一旦占据上风，势必重复过去的错误，加剧经济和社会的困难，走向一种或者另一种形式的闭关自守，孕育出不同程度的专制制度。不要误入歧途，我们需要的不是重商主义在全球范围的回归。正如波兰尼所说，问题的关键在于将市场游戏嵌入与社会要求吻合的制度框架之下。布雷顿森林体系是第一个朝这个方向努力的尝试，在国际关系层面，它打破了金本位制统治下铁的纪律，将国家内部目标作为政策制定的优先考虑。布雷顿森林体系的确开启了全球治理的先河，但二十世纪后三十年，它在卷土重来的市场力量和极端自由主义思潮复燃的影响下不幸夭折。从此，金融放纵的风险、新泡沫的危险和受预期随机性影响的汇率波动再次来袭！

那我们是否可以认为 G20 集团启动的金融再调整是治理观念的回归，尽管这一步迈得不大，但在性质上是否能与波兰尼所描绘的"大转型"相提并论呢？答案是肯定的。但"大转型"不能到此为止。因为仅仅重申社会控制"市场"的必要性还不够。全球化触及的是"民族国家"组织下的社会，它提出的困难具有全新的性质。这是我们当今面临的前所未有的挑战；对波兰尼观点的借鉴和其后的高速增长期让我们充满了信心；规范竞争性资本主义的"大转型"成功了。今天我们应该做的是构建一个规范各国资本主义冲突的类似"转型"。

如果说当代的全球化伴随着多边主义的倒退；这个倒退只是布什政府单边主义倾向主导的一个小插曲，它不是一个具有持续性的新体系的建立。那些强调中国崛起势不可挡或者中美之间会进行毁灭性较量的观点尽管很有市场，却依据薄弱。历史没有终结，它依然是开放的；孕育中的二十一世纪究竟是怎样的呢？这无从考究，但和以前的转型一样，它决定于主要大国的政治选择。我们预测它将是全球资本主义的"大转型"，可以与从竞争性资本主义到制度化资本主义的转型相提并论；这个任务等待着二十一世纪多边主义的到来。同样，货币问题也是新体系的关键，本书的最后一章将对其特点做简要的阐述。

第八章　特别提款权与国际货币体系的重建

二十一世纪要实现货币的和平必须具备以下条件。首先,每一个主要货币区都要意识到自己面临的挑战;同时在经济、货币和金融领域实行有效的国际合作机制。现实主义者认为后者不切实际,因为曾孕育过制度革命的"布雷顿森林"时代已经一去不复返了!但我们也不能停留在百无一用的怀疑主义上。金融失稳反反复复,对货币政策、汇率或者国际资产安全的担忧从未间断,这是激励我们向前迈进的强劲动力。我们应该制定这样一个计划:它志向远大,能挑战当前存在的各种问题;它也脚踏实地,能在二十一世纪初兼顾各国利益,考虑国际力量的对比。它既能沿着 G20 集团的方向前行(比如设立金融稳定委员会,改革国际货币基金组织),又能克服其明显的局限。最后,它从前两个世纪的经验教训中汲取智慧:一方面要对市场力量充满信心,创造全球增长的条件;另一方面国家应该制定政治和制度框架,让市场为平衡的发展服务(不限于金融领域)。总之,理想和现实的完美结合可以开辟国际货币体系的"重建"之路,我们期待它对目前"非体系"的四个关键问题做出回答。

——流动性问题：纵观国际货币体系的历史，流动性问题可谓是才出狼窝又入虎穴。布雷顿森林体系刚刚克服了金本位制刚性（或者外汇稀缺）的局限（它束缚了经济的复苏），不到二十年又敲响了流动性过度的警钟，后来的情况越来越糟。中国和巴西曾呼吁应该对国际储备工具的发行速度进行集体控制，这无疑是明智的。再次控制国际流动性，或者说首次定义如何控制国际流动性意味着走出特里芬困境，在当今世界可能还意味着走向多元货币体系，稳定主要国际货币，也包括国际储备货币（可能不止一种）。

——汇率问题：经验表明浮动汇率无法达到核心目标——保证基本收支的可持续性发展。信奉"市场自发调节"的人往往会说这是因为经验不够纯粹，比如市场没能释放预期的效应。可以肯定的是，如果国际流动性得到更好的控制，金融流动的规模就会减小，或许汇率就不会有大幅度的波动。尽管充分考虑了这一点，我们不明白为什么曾引起美元和欧元汇率大幅波动的力量没有继续发力。不管怎样，中国就算实行（社会主义）市场经济，也不至于在中期目标上接受人民币汇率的绝对弹性，因为中国对国内稳定的要求胜过一切。为了恢复汇率在国际收支跨期调整中扮演的角色，应该终结汇率在金融化经济中过度的自发性波动，而这只能靠对资本流动的集体约束。

——储备资产问题：基于以上问题，创建新的国际储备资产（比如特别提款权）自然被提上了议事日程。这个提议在1960和1970年代引起了七嘴八舌的争论，还没有经过仔细的考察就被草率地否决了。然而时代在前进，谈判的伙伴、各国的利益也在改变。"特别提款权？它不是一种货币！"我们不能用这个理由武断地终结思考。这个反应类似于在两战之间有人因为眷恋金本位制而拒绝酝酿中的货币新世界。特别提款权也是如此，它陪伴我们走到今天，我们对它并不陌生，但对其用途的扩展是一个彻底的创新。我们应该从技术和政治层面评估它成为国际货币的可行性。

——充分就业问题：在工业化国家，危机改变了劳动力市场的运行。失业的程度已经远远超过"周期性"的影响。在美国和欧洲担心危机会留下永久后遗症的人不计其数。发达国家的复苏难以回到以前的增长路径，未来的潜在增长也完全有可能低于1990年代后的曲线。这个问题与"工资形成"紧密相关。各国政府进行了巨大的政治投资，证明我们（尤其是工人）为全球化做出牺牲（低工资和重组）的价值。未来的全球化不能简化成以下的公式：

全球化＝高收入的爆炸＋中产阶级的脆弱＋对穷人的排斥

只有当国际货币体系将充分就业作为优先目标并致力于更加公平的收入分配时，它才能为开放经济的成功增光添彩，这已经在二战后被证明。在此我们必须向国际货币基金组织/国际劳工组织2010年9月在奥斯陆联合举办会议所表现的主动性致敬（可惜没有后续）；我们也应该沿着这条道路前进。

这就是我们面临的巨大挑战。我们之所以能比较乐观地面对，是因为存在一个机会窗口期：后金融危机时代给大胆的改革留下了空间。这样的雄心壮志免不了被现实主义者嘲讽；然而当今的情况是主权国家表示已经意识到狭隘追求国家内部目标的风险，并且更倾向于从合作战略中寻求利益。"国家利益"不是一个顽固不化的概念，对"国家利益"的追求可以狭隘也可以开放。因此国际货币体系的"重建"并非不现实，当然它必须与今天的国际经济接轨，必须充分考虑主要国家的利益。我们应该抓住机会，下定决心确立"重建"的计划。下文拟从治理、监督、平衡的增长、危机的融资及特别提款权四个方面（它们之间相互关联）对该战略进行阐释。

治理

　　国际货币体系的支柱仍然是国际货币基金组织。在金融危机前，国际货币基金组织的角色经常引起争论。有人质疑其强加于金融困难国家的政策是否有效，甚至怀疑其管理机构的合法性。让国际货币基金组织遭遇非难的不仅是反全球化者。国际货币基金组织在 1990 年代对亚洲金融危机处理不当，对亚洲国家造成的创伤还没有完全康复。除此之外，在最近十年，国际货币基金组织似乎已经失去了存在的意义，它变成了"无所事事的消防员"。我们可以想象关于国际货币基金组织治理模式的讨论为何一直没有进展，直到金融危机再次将它推到国际舞台的幕前。

　　金融危机来袭，全球一致认为应该改革国际货币基金组织的治理模式，在改革方案上也达成了较为一致的观点。治理改革委员会主席特雷弗·曼纽尔（Trevor Manuel）于 2009 年提交的报告进行了结构严谨、具有说服力的总结。首先，应该增加新兴经济体在国际货币基金组织的份额以反映二十一世纪的现实。其次，国际货币与金融理事会应该根据章程转变为一个能真正凝聚各国财长和首脑、名副其实地为国际货币基金组织制定政策（尤其是战略决策）的最高权力机构。应进一步扩大国际货币基金组织的监督职权，但国际货币基金组织应更加严格地履行汇报的义务。然后，应该降低目前要求的 85％ 通过率以避免一个国家（美国）在重大决策上的一票否决权。最后，任命总裁的程序必须透明，终结一直保持的"欧洲血统"。

当然，这些提议难逃批评。一方面，斯蒂格利茨（Stiglitz）学派主要从政治原因出发，认为当前的改革目光短浅，效果不明显，呼吁"应该在决策机构中显著增加发展中国家，尤其是最贫穷国家的份额"。另一方面，巴里·艾肯格林（Barry Eichengreen）学派认为以上提议只具有象征意义，而非实际意义："将委员会换成理事会，每年召开两次会议，就能改变专门负责处理日常事务，每周可以召开四次会议的执行董事会的决策程序吗？"这两种批评都是可以理解的，但是一个意识形态色彩过重，另一个学术味道过浓，最终会导致意见难以统一。因此，我们应该支持曼纽尔的提议，并从机构职能、理事会和总裁职责三个方面进行细化和完善。

1. 职能。任何一个国际组织都诞生于成员国的协议，各成员国对组织的职能进行详细的定义；这看似显而易见，其实不然。实际上，"职能"这个词的意义含糊不清：它包含政治和法律双重含义。前者描述国际组织追求的目标和成员国对其寄予的希望；后者定义国际组织具体的目标和权力。以国际货币基金组织为例，成员国赋予它的任务在章程第四款以非常笼统的方式写道："国际货币基金组织监督国际货币体系，以保证其有效的运行。"这个宏伟却宽泛的表达在法律层面遇到了障碍：成员国在 1944 年的承诺仅限于国际收支的货币层面（资本流动、汇率和储备资产）。除此之外，成员国无需履行更多的义务，相对于"对体系进行（有效）监督"这个宏伟的目标，国际货币基金组织的职责被限制在一个局限的领域。应该强调的是，该问题至少和对决策机构合法性的质疑同样重要，尽管后者引起的争论更多（因为它更具有政治意义）。当我们谈到监督、最后借款人或者特别提款权的管理，知道谁在发言,以什么样的分量发言(2010 年和 1950 年的世界格局截然不同)固然重要;但更重要的是知道成员国在定义国际货币基金组织职能时做出了什么承诺。将对国际货币体系的治理简单归结为董事会席位和份额问题最终只会是竹篮打水,因为如果不重新定义能回应时代挑战的国际合作工具和目标,董事会席位和份额问题就不可能真正得到解决。为了明确这个目标,我们应该制定相应的条款。根据最近的经验,我们或许应该扩大国际货币基金组织在资本流动方面的职能。既然资本自由流动既能让流入国避免国际收支失稳的风险,又能促进资本更优的国际分配,我们应当制定一条详细的政治路线,以保证从资本自由流动中获取所有的收益。我们并非要重回固定利率的时代,但现在不得不承认绝对自由的资本流动也可能造成不稳定的严重后果,甚至与全球化追求的整体目标背道而驰——全球化的引擎应当是实体经济的进步。

2. 理事会。上文回顾了国际货币基金组织的职能及其在章程中笼统的表达,我们或许认为对国际货币体系的治理就是对国际货币基金组织的治理。事实上没那么简单,国际货币金融层面的责任分配尤为复杂。我们还记得在全球经济金融化和汇率大幅波动的背景下,G7 金融集团在 1980 年代就成为了国际金融机构实际意义上的政治“监护人”。当时金融和汇率危机来袭,国际紧密合作刻不容缓,但国际货币基金组织董事会的高级官员不具备约束政府的政治权力。这样一个混杂的组合(G7 集团的财长加上国际货币基金组织董事会的高级官员)在二十年来起到了一定的作用,但其局限性也日益明显。改革治理从何处着手? 答案显而易见:根据章程,从成立国际货币基金组织的部长级理事会开始。
——机会:2008 年 G20 集团的成立彻底改变了世界格局。尽管其首脑峰会被称为“第一个全球经济论坛”,但长期且直接负责国际货币问题的并不是各国政府的首脑。近年来会聚各国财长的 G20 金融会议能否接任 G7 金融集团"监护人"的角色呢？这有可能引起对两个财长会议的混淆：一个是各国财长与政府首脑一起筹备的 G20 金融峰会；另一个是在国际货币和金融理事会（IFMC）工作的财长筹备的国际金融机构会议。G20 首脑峰会的举办为组建一个包括二十位财长的理事会提供了一个充分的理由——作为首脑的顾问；但如何确定这二十位财长呢？G20 金融集团只有一个特设机构，相对于有 190 个成员国的国际货币基金组织而言并没有真正的合法性。因此，应该成立国际货币基金组织的理事会并理顺其中关系。这才是真正具有战略眼光的决定：随着份额的重新分配，新的理事会应该更加忠实地反映当今世界的现实；最重要的是，它给整个国际货币体系的治理赋予了一个政治现实，与以前的 G7 或者 G20 金融集团的特设性质不同，它的政治权力建立在能保证其合法性的基础之上。

——可行性：我们面临两个实际问题。首先应该协调两个财长会议（G20 和 IMFC）的成员，在这一点上目前还没有完全统一；有人认为这个障碍不可逾越，其实不然。应该从国际货币基金理事会出发，因为其章程清楚明了（G20 章程不够清晰）。国际货币基金组织目前的理事会和执行董事会都包括 24 个成员；其中一部分代表自己的国家（美国、中国、日本、德国、法国、英国、俄罗斯、沙特阿拉伯）；其他国家以联合的形式参与，轮流选举代表。这个体制必须改进，因为应该合并国际货币和金融理事会与 G20 金融集团，让它成为既能为 G20 国政府首脑出谋划策的智囊团，又能担当国际货币基金组织治理重任的合法机构。这就引出了第二个问题：合并是否现实？实际上，国际货币基金组织的章程已经对理事会的成立做出了明确的规定，它"仅仅"要求董事会（也就是各国政府代表）投票以85％的多数通过，这不应该被视为难以逾越的障碍……这个决定久拖不决，与其说是一个政治选择，不如说是惰性使然。

——职责：新的理事会在战略和法律层面行使职责。我们强调两点。理事会的首要职能是监督（监督的结果纳入G20首脑会议）；正如我们在上文或者下一节要具体分析的，新理事会监督职能的范围将会扩大，执行的力度将会加强。这是实现成员国经济和金融政策更优协调成败的关键；当金融条例、规范和标准需要修订时，要在理事会达成一致意见，当然其制定应该由技术部门，尤其是金融稳定理事会完成。其次，理事会监管国际货币基金组织的活动（由总裁依法行使），跟踪各项计划，启动新的方案（比如提供新的便捷、监管资金账户等）以及对特别提款权进行新的管理（假如我们选择这条道路的话）。

3. 总裁。理事会的成立改变了权力（董事会和总裁的权力）的结构。董事会成为财长的常设机构，它将失去日常管理的功能；而总裁却赢得了独立性，代价是接受理事会更大力度的政治监督。理事会在新的平衡下重要性凸显，因为它具有各国财长的政治权力，但也不完全排除陷入困境的风险，这在政府之间的争端解决中并不罕见。在这样的情况下，总裁不仅是各成员国艰难达成的妥协的代言人（通常当成员国在一个小问题上达成共识的时候），他还应该是一股驱动性的力量，因此对总裁的要求也应该随之提升。总之，我们应该赋予总裁足够的权力行使章程第四款所规定的职责：超越国家利己主义，号召成员国对其国家利益进行更加明智的界定，坚决捍卫"国际货币体系的有效运行"。毕竟，国际货币基金组织在金融危机之后的行动,它恢复的威望和发挥的作用形成了能促进总裁地位转变的有利条件。但是为了达到这个高度,应该将总裁置于能真正独立行使权力的地位,比如延长任期和取消连任。这才是问题的关键,但遗憾的是,因为可以理解的原因,这些问题被改变"欧洲垄断"的呼声所淹没,当然,后者在二十一世纪无从辩护且难以接受。但坦诚地说,我们能想象在其他条件相同的情况下,未来的亚洲或者拉丁美洲总裁会比罗德里戈·拉托(Rodrigo De Rato)、多米尼克·施特劳斯-卡恩(Dominique Strauss-Kahn)或者克里斯蒂娜·拉加德(Christine Lagarde)在减少全球的不平衡和避免汇率的过度波动上做得更好吗? 不一定。在总裁国籍问题得到解决的那天,我们为改革的成功欢欣鼓舞;但是继续存在的问题依然是机构的权力,总裁的权力,他从保全整体利益的角度干预国际舞台的能力——捍卫整体利益是成员国赋予他的使命。我们看到这些貌似技术性的问题实质上属于政治的范畴。

多边监督

有人说金融危机爆发表明国际货币基金组织没有履行其监督职能,国际货币基金组织"独立评估机构"在2011年出版的报告有比较明确的分析。或许面对危机的升级,国际货币基金组织本应该有更加洪亮的声音;这是有可能的,国际清算银行(BRI)就是先例,哪怕它的干预意见并不比国际货币基金组织更被听取。实际上,这些指责在很大程度上是针对成员国的,它们长期想着如何掩饰"全球不平衡"(言下之意即美国赤字)的问题。因此在过去的监督无力中暗含着政治因素,问题解决的一个方面(必要非充分条件)在于提升机构及总裁的独立性。这个问题也可以这样分析:由于国际货币基金组织的制度配备不足，无法直击系统性的不平衡问题。然而，我们从危机总结出在一个全球化的金融经济中，最严峻的风险是系统性的风险；而国际货币基金组织一直孤立地在每个国家的层面进行监督。这个缺点的局限性已经暴露无遗，应该引入"多边监督"的思想。国际货币基金组织有必要扩大职责的范围，采取新的工作方法，以适应当前的问题（局势）。为了完成"保证国际货币体系良好运行"的使命，国际货币基金组织应该从相互依存角度出发，将监督的方法系统化：比如当美联储采取量化宽松政策的时候，其后果绝不局限于对美国经济的影响，而是通过资本的流动影响到整个新兴经济体；这就是经济学家所谓的"溢出效应"。为了解决诸如此类的问题，应该扩大国际货币基金组织对金融部门的监督职能，寻找一个能监督具有系统重要性的国家的视角。

　　国际货币基金组织从 2009 年就对这些问题进行了深入的思考。第一个问题是修改国际货币基金组织章程的必要性（或者时机）。章程的条款是国际条约的产物，签约国当时的关注点都聚焦在国际货币基金组织的任务和权力上。修订章程是一项宏伟的计划，需要进行艰难甚至冒险的外交活动（考虑到美国国会的否定权）；不到万不得已最好不要走这条路。或许章程的条款具有足够的弹性（甚至没有被充分挖掘）以达到与时俱进的目标？第四款赋予国际货币基金组织的任务看似非常宽泛，但是落实到成员国的义务就仅限于采纳有利于本国经济稳定的政策（一直处于"小国"——即对外界不产生影响的假设之下）。在多边监督方面长期积累的经验表明在这个假设下讨论稳定的系统性条件并非易事，这是首先应该纠正的地方。直到今天，国际货币基金组织还没有明确多边监督在程序、内容甚至数据上意味着什么。要弥补以上的不足,国际货币基金组织的法律专家认为没有必要修订章程,而应该依照惯例以理事会机构决定的形式将第四款所定义的笼统任务落实。这个决定将以更明确的方式定义国际货币基金组织的宗旨,以更具约束力的方式定义其成员国的义务。这个难题该从何处着手呢?

最近几个月,国际货币基金组织已经开始征求意见,强调更好地监督纯金融风险的必要性。国际货币基金组织考察范畴的扩大是众望所归,它在 G20 集团的要求下采取了相关行动(早期预警机制或 G20 的监督记录)。但国际货币基金组织也不是一个监管全球金融产业的世界机构:毕竟没有人指望国际货币基金组织对贝尔斯登或者雷曼兄弟拉响警报,这不是它被指责的原因。危机反映了在压力逐渐升级的过程中各种宏微观金融因素的错综复杂。显而易见,如果在宏观层面贷款的增长过快,微观层面就表现为大型金融机构过高的杠杆(或者更通俗地说,即借款水平)。今后应该更好地衔接这两个维度,细化国际货币基金组织和金融稳定委员会合作的条件,既然这两个机构都关注宏微观系统的条件,其职能无可避免地存在部分的重合。

国际货币基金组织应该将精力集中在其本职工作的核心——国际货币体系的稳定。国际货币基金组织有时会强调金融冲击非常有可能通过国际收支之外的渠道发生转变,这一点确定无疑。从这个思路出发,国际货币基金组织经常说自己缺乏进行这些评估所需的数据(*data gap*),言下之意是为无法得到可以体现系统风险的数据而感到遗憾。这不是一个恰当的理由,因为国际货币基金组织的章程(第八款)明确规定,成员国没有义务向国际货币基金组织提供本国的数据。这条规则对能掌握金融机构数据的"监管者"资质做出了限制。

另一个更根本的原因聚焦于国际货币问题，它是国际货币基金组织的主要任务。核心问题是国际收支和汇率：怎样才能一视同仁，对所有国家实行共同的规则，无论该国是赤字还是盈余，是战略大邦还是区区小国？除了技术层面，我们又回到了一个政治问题：无论是主要大国还是盈余国家，它们都不愿意听"别人"的指挥。在匹兹堡峰会通过的"监督机制"（相互评估进程）向前迈进了一步，有利于考察走出危机的战略。但遗憾的是，该机制完全不可能从根本上修改在华盛顿、北京或者柏林制定的经济政策。这也不意味着美国、中国和德国政府在原则上拒绝遵守普遍接受的纪律。世界贸易组织及其争端解决机制的执行（甚至由最主要的大国实施）已经具有足够的说服力，我们可以从政治经济的层面受到启发：仅在原则上（世界贸易组织）达成一致是不够的，还应该创建将原则转变为行动的工具（争端解决机制），并接受其实行（制裁）。总之，为了建立更具体的多边监督，我们应该从一个比较简单的目标出发：将宏观经济（更确切地说是经常项目）的不平衡维持在一定的限度（美国国务卿有些唐突地向盖特纳财长提出此建议）；然后共同制定一些纠正性原则，也就是说给所有的货币一个稳定的支撑。

在这个阶段，应该坚决区分监督（或者国际调停）和更加具体的行动。我们举例说明：最近有人提议国家之间可以相互开立资本账户，让一些不太开放的国家可以有条件地使用其他国家的金融工具。如果该提议涉及到"小国"，是很有意思的；但如果在其他条件相同的情况下禁止中国金融机构购买美国债券，我们很难辨明其意义和后果。一个虽简单却有效的解决方案在于将特别提款权的分配与对某些标准的遵守联系起来（后文还将提及）；另一个解决方案与问题根源（经常项目的不平衡）的关系更加直接，即引入一些在操作层面上由世界贸易组织管理的贸易措施。需要指出的是,这些措施与 1947 年签订的关税贸易总协定的条款(第二条第六款)并不矛盾。这意味着定义一个平衡的国际增长制度所面临的问题大大超过了对国际收支周期性不平衡的估量和纠正该不平衡的努力。如果要避免一些国家贸易盈余而另一些国家对外债务无限积累的趋势(这只会带来灾难),我们应该转向研究造成这些不平衡的最根本的原因。

全球范围的福特主义

金融危机带来了意想不到的影响,即恢复了对"不平等"的研究和争论。这个话题在 1990 年代后几乎从公众的视野消失,让位于对资本回报率(比如著名的股本回报率)的研究,结论是应该不断地抛高资本回报率,以激励高速的经济增长——"财富"的源泉。这些财富实际上集中在极少数人手中(1%甚至 0.1%),可参照皮凯蒂(Thomas Piketty)和赛斯(Emmanuel Saez)的研究。世界经合组织在一项较全面的研究中指出:在全球化时代,美国这个极端的实例自不必说,不平等的加剧几乎是所有发达国家的一个共同趋势(法国是非常罕见的例外之一),这个结论令人震惊。在很多国家,实际工资的中位数增长缓慢,甚至停滞不前。以世界经合组织十五个主要国家为样本,工资占增值比例的平均值在 1990—2005 之间已经从 63%下降到 58%。

工资占国民收入的比例不断下降,这是一个非常重要的宏观经济现象。该现象源于生产率和实际工资不同的变化趋势,反映了供需的脱节:一方面,生产率收益不断攀升;另一方面,收入的停滞阻碍了消费者需求的增加。供需脱节或许能调动一些重新平衡宏观经济的力量；如果我们处于一个投资需求旺盛的时期（比如大规模铺设铁路的十九世纪或者 1950—1960 年代的战后重建时期），丰富的储蓄必不可少，因为要通过金融机构和资本市场的调剂为这些大型项目融资。但是今天，尽管一些新兴国家仍然有大量的资本需求，这已经不是当代世界经济的主流特征。以中国为例，它的储蓄率一直居高不下，但远远不能满足其大规模的融资需求。那么全球范围的融资调剂在多大程度上能实现呢？目前缺少估算所需的统计数据——这或许能成为改进 G20 集团领航工具的领域之一。帕特里克·阿特斯(Patrick Artus)进行了一个近似但非常具有说服力的估计，其结论是 2000 年世界范围的私人储蓄率(25％)将在十年内上升到 32％；本·伯南克已经将这个现象诊断为"全球储蓄过剩"(savings glut)。

　　储蓄过剩与消费不足似乎是合拍的：在过去我们可能会说"消费不足"，某些学者难免会再次提出这个概念。但问题没这么简单。用"消费不足"来为被消费和房地产引领了十年的美国形势定性显然是荒唐的。工资停滞和金融危机之间必然存在一种关联，但建立联系的不是"消费不足"，而是借贷。拉格拉姆·拉扬(Raghuram Rajan)第一个证明了借贷是如何成为中产阶级保持其生活方式和身份的工具，它又是如何通过对购房条件的操纵成为援助最贫穷阶层的社会政策的替代品（著名的"次级贷"）。不良贷款不断累积，它无可争议地成为诱发金融危机的罪魁祸首。但这里有一个巨大的悖论，因为美国既是一个实际工资和生产率差距最大的发达国家，又是一个在充斥着"储蓄过剩"的世界成为"最终消费者"的国家。显然，全球化、资本的自由流动和金融创新为工资与生产率的差距赋予了比"消费不足"更加复杂的维度；应该在国际贸易和金融的不平等中寻找补偿。

　　我们简单地把二十一世纪的世界分成两个部分，一边是中国和德国，另一边是美国和希腊（或者法国）。在这个世界，一些国家拥有巨额的对外贸易盈余，而另一些国家却遭遇同样巨额的赤字。国家对外盈余证明其工业具有高度竞争力，它是精雕细琢的结果，闪耀着成功的光环，它投入市场的产品更能满足中产阶级的消费和企业的投资需求。这一点毋庸置疑，我们没有任何理由批评德国企业（比如奥迪）或者中国企业（比如华为）一占领市场就打上烙印的效率——这是巨大的成功。但在宏观经济的层面，事情则另当别论。对外盈余不是乐善好施的证据（我们在后文将看到，这也不一定反映了良好的管理），它是常被定性为"重商主义"的侵略性战略的结果。除了企业最善利用的微观经济优势，工业高度竞争力的源泉在于成本优势。不出所料，我们发现中国和德国是最善于系统地组织低工资，降低工资占国民生产总值比例的两个国家。"消费不足"的风险正在于此。中德两国凭借出口的飞速发展避免了这个风险，尽管德国的增长微乎其微。然而，在全球化经济中，每个国家迫于竞争纷纷降低工资，盈余国家只能靠赤字国家的需求推动经济，而满足这个需求的是不断积累的外债。长期以来，中国和德国一边将商品出口到美国和希腊（或者法国），一边为这些国家提供贷款为它们的进口买单。因此，我们明白为什么盈余的无限积累不是良好管理的证据：作为盈余补偿的债务不断积累，它注定要遵守边际收益递减的法则，到某一时刻，债权人终将面临债务人破产的风险。我们通过观察得出：在盈余和赤字的探戈舞曲中相伴相随的身影在全球金融大厦将倾之时也应该患难与共。

　　我们观察到工资与生产率的差距，这在经济史上不是第一次。二战后美国制造业的生产率飞跃发展，而工资却几乎被锁定，导致购买力下降。解决这个矛盾的方式成为战后经济自发增长的基石。杜鲁门总统(Truman)调查后决定联邦政府全力支持私有部门上调工资 33%。如果说该政令的实行有所保留,它产生的效果却相当轰动:提升了产能的利用率,转变了战争经济的模式;它成为真正进入福特时代的关键时刻。我们今天也处在类似的"福特时代"吗? 从某种程度上说,答案是肯定的,这是前文诊断的"全球储蓄过剩"的必然结果,但情况更加复杂,因为国际经济已经高度一体化,极度地不平衡。中国(正在被逐步吸收)或者北欧的巨额盈余影响着全球增长的未来。对外盈余的长期存在证明国际收支没有通过汇率的波动起到调整的作用。拥有持续性巨额盈余的国家制造了世界供需的不平衡;国际贸易和自由交换的基本原理出现了故障,因为盈余国家没有将它从出口获取的收益转换为让其合作伙伴受益的需求。工资和生产率收益趋向一致是平衡增长的条件;全球范围的福特主义失灵,因为有些国家在"组织"外向型增长。从分析的角度来看,结论再简单不过,但在政治的层面却是极度敏感的。与国际经济合作领域一贯的实践相反,我们应该承认收入分配是大量外部性的根源:我们无心侵犯已经根深蒂固的国家政治偏好,而是要从两个方面来解决国际经济和金融平衡的问题:产出和全球国民生产总值的吸收。在国际收支指标问题解决以后,我们应该深化多边监督,将一个重大的历史使命托付给国际货币基金组织和国际劳工组织——即制定出能在全球范围评估工资-生产率关系的指标。

"最终借款人"与特别提款权

即使满足了促进全球增长平衡的条件,即使加强了国际货币基金组织的权力,即使在国际货币基金组织的控制下实现了更优的多边监督，最近的形势也让我们深信全球经济将再度面临非同寻常的风险。在危机爆发之际反应最快的是各国央行，而不是国际货币基金组织。这与问题的性质有关：危机的第一个系统性表现是跨银行贷款的冻结，这与国家面临的支付危机截然不同。很快，贷款的冻结让众多新兴国家陷入了尴尬的处境，各国央行（尤其是美联储）纷纷达成掉期交易协议（Swap）以应对紧急情况。为了避免经济衰退演变为大萧条，这些大规模干预成为最重要的防线之一。但我们无法保证央行在将来仍然愿意（或者能够）再次伸出援助之手，因为资产负债表不可能无限制地膨胀；美联储以这个名义为外国银行提供的支持遭到了国会的强烈谴责，即使它最终并没有损害美国纳税人的利益。没有人确保这样的干预还会重现，尽管它对维持国际货币体系的稳定必不可少。这就是一个保证国际货币流通延续性的多边组织应该扮演的关键角色。国际货币基金组织已经启动了一些局部解决方案，比如灵活贷款额度（Flexible Credit Line）和高获得性谨慎性备用协定（High Access Precautionary Arrangements）。这些方案的作用是积极的，但它未必能适应危急的形势。

我们提出一个最棘手的假设：假如一个类似2008年9月冲击了私有金融的危机再次来袭，我们如何面对？换成2011年末的欧洲主权债务危机又会怎样？面对新的全球性冲击和系统性危机，国际货币基金组织能否独当一面，承担起当年由美联储、欧洲央行和其他央行共同承担的责任呢？在这样的情况下，国际货币基金组织的任务不是恢复困境中借款人的信用，而是要在整个金融体系建立信任。如果是这样，"最终借款人"要承担最后的责任，为那些具有系统性影响的国家提供大量的流动性。现在就创建一种新的工具不算太早，它能及时地实现大规模的、一目了然的干预，将系统性危机的风险扼杀在摇篮之中。我们自然联想到多种货币的储备工具。

创立于 1970 年代的特别提款权一直无人问津，直到 2009 年春才因为两个原因重现江湖。面对危机，G20 国集团峰会调动了所有可用的资源与"大萧条"抗争；号召主要国家大规模赤字并借助资本市场融资。重新配置特别提款权（维持较低的比例，约占全球储备的 4％）的提议之所以被采纳，是为了将上述的经济复苏政策推广至那些不具备预算和金融自由的国家——这里的特别提款权被当作一种融资的工具。中国人民银行行长从一个全新的角度提议让特别提款权成为货币新体系的枢纽（从第一章起就屡次提及），他的提议引起了全世界的关注，他所指的特别提款权意味着一种真正的国际货币的诞生：我们是否能够（应该）选择这条道路呢？

从 1960 年代起，债权国多次担心美国试图通过通货膨胀"赖"掉部分债务，这与两战之间对英镑命运的担忧不谋而合。当今形势和两战之间在某些方面具有可比性，因为美国为了对抗危机，对外债务大幅飙升。除此之外，还有对通货膨胀的担忧，这个假设引起了包括国际货币基金组织在内的公开讨论，因为它是一种减轻公共债务负担的办法；这个假设被国际货币基金组织的首席经济学家奥利维尔·布兰查德（Olivier Blanchard）明确提出，后来因美联储接连出台的量化宽松政策愈演愈烈。从事态的进展来看，周小川行长似乎预言了一种普遍的担忧——美国再次（和 1971 年一样）接近临界点，美元的过度供给动摇了全球对所持有的美元资产的信心。

尽管如此，很多人仍然拒绝采纳特别提款权，因为它不是一种真正的"国际货币"。理由貌似充分，我们固执地认为一种"真正"

的货币应该与货币发行国有着"无法分割"的联系,无论从经济的角度(美元的背后是美国的 GDP),还是从政治的角度(美元是美国主权的货币表达)。以上对特别提款权的批评产生于 1960 年代,但当时就存在不同的观点:美元之所以成为国际货币,不是因为它能换取 1 美元美国的 GDP(现在任何一种可兑换的货币都可以实现),而是因为美元已经被普遍接受,这是既成事实。今天,问题再次在同样的条件下被提出。如果特别提款权无法按照国际货币基金组织(见修订版章程第 8 条第 7 款)的提议成为"国际货币体系的主要储备资产",只能证明这个非同寻常的进步(还)没有实现;怀疑者即使占据了上风,其影响也不可高估。曾几何时,我们也无法想象国际货币能脱离黄金而存在,小心不要重蹈覆辙。特别提款权已经在全球范围被各国央行接受(在结算可兑换外汇时),它显然已经成为一种货币工具,但怀疑者低估了这一毫不含糊的事实。这个事实足够支撑以下的观点——复合货币能够史无前例地扮演国际货币工具的角色:从概念的角度来看,货币与发行国分割的难度远远不及我们的祖先放弃金本位制时货币对黄金的依赖。先知先觉的凯恩斯在布雷顿森林谈判时提出了国际货币(班科)的想法,他最终能否修成正果呢?

　　特别提款权自创设以来,几十年里一直处于次要的地位,与其说是性质使然,不如说是形势的原因。从严格的货币层面来说,在 1960 年代引入新的国际储备资产是出于对国际流动性不足的担忧。这个革命性的创举应运而生,国际货币基金组织担任全球基础货币的守护人,而全球基础货币或多或少地取决于黄金的储备量,也体现为特别提款权的弹性数量。随着美国赤字的加剧,对国际流动性的担忧很快就消失殆尽。从政治的角度来看,美国不会在发行储备货币带来的利益面前让步。需要补充的是,发展中国家只有当特别提款权带有援助性质时（直接分配到较高的发行权重）才能从中获益；该议题非常重要，在斯蒂格利茨的报告中有所提及，但它不属于国际货币体系的逻辑范畴，我们甚至担心它足以将报告打入冷宫。应当对世界经济提供合理的流动性——这是特别提款权设计者的目标，如果现在还没有实现只能说明时机未到。1970 年代，特别提款权向国际货币的方向迈出了非常重要的一步：如果我们认为以前的体系一去不复返，承认浮动汇率将一直持续，那么特别提款权仅与美元挂钩便失去了意义，它从此被定义为一揽子货币（从最初的十六种货币简化为五种，又随着欧元的诞生减少到四种）。我们完全可以想象它在时机成熟时扩展到其他货币（比如人民币），2011 年 3 月美国财长在国际货币体系改革研讨会（南京）上也提到了这个可能性（他同时增加了谈判的条件）。

那么从经济学的角度，我们可以设想特别提款权在将来发挥国际货币应有的积极作用吗？我们有机会持有特别提款权吗？答案当然应该从供需两个方面去寻找。一方面，特别提款权应该有足够的发行量以保证所需的流动性；另一方面，特别提款权应该进入私有部门，不一定装在口袋里，但可用于经常账户的结算，促进特别提款权的多功能使用。在记账层面，我们完全可以用特别提款权对石油或者铁矿标价；在交易层面，我们完全可以用特别提款权在世界主要金融机构开立账户；在融资层面，我们完全可以用特别提款权发行债券——既然有欧元和美元债券的先例。当然，这些举动都必须小心谨慎，因为仅有政治激情是不够的，冒失带来的风险近在咫尺；如果在设计或者协调上欠考虑，这些风险会成为不稳定的因素，导致事与愿违。推广美元的接替者，必须三思而后行！尤其是这个更替不是来自自上而下的政令，而是源于众多基层不约而同的决定。这是一个难以逾越的障碍吗？当然不是；"网络理论"有助于我们加深理解。所有的网络——无论是货币循环还是社交网络，都建立在一个被称为"外部性"的现象之上；网络用户不多的时候收益很小，因为它的部分功能还在靠以前的工具实现，但待到网络全面发展之时便收益无量。互联网无时无刻不在证明这个结论，网络经济学也建立了清晰的论证。如果认为明确的、工具性的政治方向对经济行为没有影响，这是错误的：只需想象如果中国决定购买用特别提款权标价的石油和原材料；如果后续的交易用特别提款权记账和支付；如果中国的过剩储蓄投资于用特别提款权发行的国债，后果会怎样呢？我敢打赌，为了满足以上需求，必要的技术方案将很快出台，金融部门会挖空心思提供相关的服务。推广特别提款权的使用意味着创造一种全球公共产品。需要克服的实际困难是巨大的；问题的关键不在特别提款权作为工具的性质，而在于如何评估其收益，以推动各国政府集体行动迎难而上。推广特别提款权的技巧正在于此；它是二十一世纪初最具影响力的政治决定。

这些现实条件一旦具备，我们肯定特别提款权的推广将表现出许多高效的货币体系应有的特征。以"特别提款权"为核心的货币体系与历史上的体系截然不同，它提供了控制国际流动性的可能，终结了储备货币发行国的过度特权，创立了铸币税的分担机制。特别提款权自动实现了储备货币的多样化，具有稳定的作用。特别提款权能否成为价值储备的可靠工具完全取决于一揽子货币的行为。需要说明的是，"篮子"里不同货币的权重是名义定值（比如1个单位 SDR 相当于 0.44 美元），相对权重根据汇率的波动持续性调整；如果一种货币被认为具有"避风港"功能，它就会升值，在"篮子"里的权重就会自动增加。特别提款权的分配降低了试图通过积累经常性盈余来增加储备资产的动机；这还不足以重新平衡国际收支,但方向是正确的。

因此,特别提款权用途的推广可以增加国际流动性或者应对剧烈的金融危机。从更长期的角度来看,这些都是构建一个真正以特别提款权为核心的国际货币体系的阶段性措施。此外,我们还遇到了其他的困难,比如在 1970 年代讨论过的替代账户,由于美国国会的坚决反对,现在可能还不是讨论这个问题的最佳时机(也不一定必须在最初阶段讨论)。然而我们又回到另一个老问题上,如果能就此达成一致,它将起到关键的作用。国际货币基金组织应该制定"准备金指标"(或者基本收支指标),作为成员国多边监督程序的参照。该指标是监督的重要因素,它能以更具指导性的方式规定成员国的调整义务,而成员国应该将指标维持在一个合理的波动范围。基本收支指标甚至可以成为重新分配特别提款权的一个参数。

以上提议都是 G20 集团努力的延伸。需要哪些条件才能实现呢?首先需要对高度发展的国际货币体系有共同的真知灼见;其次需要有外交达人就每一个步骤进行磋商;最后需要有长远的国际合作的意愿。但是特殊情况特殊处理:只要收益高于成本,这些条件可以在很短的时间内实现。我们如何规划呢?第一,在国际货币问题上保持震耳欲聋的沉默不一定符合 G20 集团及其成员国的最大利益。国际新体系一旦建立就不会再通过会议讨论汇率问题,G7 金融集团无法左右人民币的汇率,而中国会拒绝将人民币作为 G20 集团的议题。那么在国际货币危机之际,我们召开什么议题的峰会呢?我们看见在福岛核事故之后,面对针对日元的投机性攻击,唯一的防御是 G7 集团,但 G7 已经被 G20 取代。第二,在希腊之后,新的偶发事件之前,对本书序幕情节的担忧可能成为一个强大的动力,推动全球冒险采取行动,携手并进。第三,我们所勾勒的计划不是一场革命,至少在最初阶段,它不会咄咄逼人地侵犯国家主权。我们所描绘的是一个复合外汇体系,它以最主要的货币为基础,再加上一个全新的合成工具。这是逐步的演变,最终将形成以特别提款权为核心的国际货币体系。

因此,我们看到为何从政治经济学的视角来评估以上提议是恰如其分的。在经济政策方面,这些提议针对危机的主要教训对症下药:对金融的怀疑没有触及到市场经济的基本活力;至于那些因赤字而瘫痪,靠增加税负勉强支撑的国家,我们不指望它们拿出灵丹妙药,但希望它们能提供与全球化相适应的公共产品。在学术思想的范畴,曾启发过新自由主义的效率市场理论完成了一个漂亮的学术推导。最好放弃一味效仿英美资本主义模式的想法,应该让不同的资本主义逻辑在全球化时代和平共处。最后从地缘政治的角度,一个包含特别提款权的复合外汇体系是多极化世界的反映,任何国家都没有能力制定游戏的规则;但在这个动荡不安的世界,主要国家利益与共,定当齐心协力。中国需要对外资产价值的安全;美国国际收支(美元)的规模犹如一把悬顶之剑,影响其货币政策的实施及增长的前景;欧洲不能容忍美元的波动将欧元推到摧毁工业的程度。如果认为这三大货币区域只根据以上考虑进行选择,那是幼稚的;事实并非如此,它们之间有相当大的共同利益。我们不妨用荷兰威廉王子的名言来结尾吧:即使一个微不足道的希望也足够启动一个同样宏伟的计划。

文献综述

　　我在行文中尽量避免学术味道过重，最终形成了这番结果。本书涉及的领域十分广泛，援引了丰富的历史资料和多角度的经济论据，通过大量查阅专家报告及在美国、中国和欧洲进行的实地调查，对当前和未来的形势作了评价和预测。好奇和质疑的读者完全可以尝试就某一主题继续挖掘以补充相关信息或者对本书的阐释提出疑问。为此，我在本书的最后附上这篇文献综述。该综述不提及任何发表的文章或者工作论文（列表太长了），而是侧重于专著研究，这可能是更难找到头绪的地方。我在最后详细列出了一些机构和智库的名字，在它们的网站上可以很方便地查阅到本书所引材料的补充或者更新。为了避免累赘，我只标注了作者和书名，因为出版日期、出版社等信息很容易通过互联网获取。

　　首先，如果希望更全面地了解资本主义的历史，可以参考杰弗里·弗里登（Jeffry Frieden）最近在《全球资本主义》（*Global Capitalism*）中丰富详尽的综述；如果希望从力量关系的角度来研究这段历史，保罗·肯尼迪（Paul Kennedy）的《大国的兴衰》（*Naissance et déclin des grandes puissances*）不可不读。皮埃尔·莱昂

(Pierre Léon)的《世界经济与社会史(第四卷)——资本主义的统治(1840—1914)》(*Histoire économique et sociale du monde, tome 4, la domination du capitalisme* 1840—1914)也是一个重要的参考文献。布律诺·马尔莫(Bruno Marmot)最近出版的《十九世纪的全球化》(*La mondialisation au XIXe siècle*)是一部内容全面、深入浅出的教科书。克里斯蒂昂·格拉塔卢(Christian Grataloup)在《全球化的历史地理学》(*Géo-histoire de la mondialisation*)中成功地展现了地理优势和漫长的历史之间微妙的关系。弗朗索瓦·朗格莱(François Lenglet)的《全球化的终结》(*La Fin de la mondialisation*)分析巧妙,同本书一样对长期历史抱有浓厚的兴趣,但是对全球化的风云变幻和保护主义的风险持不同的见解,其结论也和本书大相径庭。查尔斯·迈尔(Charles Maier)在《跻身帝国之列》(*Among Empires*)一书中从一个历史学家的视角总结了二十世纪下半叶"美帝国"的特殊形式。中国崛起以后,一个尤其令人困惑的问题是欧洲和亚洲为何在十九世纪形成了巨大的差距。如果对中国问题感兴趣,我们强烈推荐文中引用过的雅克·谢和耐(Jacques Germet)的精彩之作《中国社会史》(*Le Monde chinois*)。在最近引起关注的更具思辨性的作品中,肯尼思·彭慕兰(Kenneth Pommeranz)的《大分流》(*The Great Divergence*)位列其中,他强调了地理和环境因素的关键作用。戴维·科桑迪(David Cosandey)的《西方的秘密》(*Le Secret de l'Occident*)可能获得了更多的赞誉,他认为科技进步受益于分权(在欧洲),受阻于集权(在中国)。埃里克·琼斯(Eric Jones)在《欧洲奇迹:欧亚史中的环境、经济和地缘政治》(*The European Miracle, Environments, Economies and Geopolitics in the History of Europe and Asia*)中从另一个角度阐释了这一观点。继续挖掘这片知识宝藏,我们回到了马克斯·韦伯(Max Weber)和里亚·格林菲尔德(Liah Greenfeld)的作品《资本主义精神:民族主义与经济增长》(*The Spirit of Capitalism*, *Nationalism and Economic Growth*),在他们的笔下,民族主义情感的上升如同一股强大的动力激励着资本主义的精神。如果对直接查询统计资料感兴趣,那就必须阅读安格斯·麦迪森(Angus Maddisson)的《世界经济千年史》(*L'Économie mondiale*, *une perspective millénaire*)以及近期的《世界经济概观》(*Contours of the World Economy 1—2030*)。除了上述比较全面的文献,凯文·奥罗克(Kevin O'Rourke)和杰弗里·威廉姆森(Jeffrey Williamson)的《全球化与历史》(*Globalization and History*)针对第一次全球化进行了更详细的分析。

爱德华·吉本(Edward Gibbon)在《罗马帝国衰亡史》(*The Decline and Fall of the Roman Empire*)中提及了大量研究十九世纪英国帝国主义及其衰落的文献。除了前文提到过的肯尼迪(Kennedy),我们还可以阅读约翰·达尔文(John Darwin)的《帝国建构:英帝国世界体系的兴盛与衰落》(*The Empire Project*: *the Rise and Fall of the British World System*),该书的亮点在于表现了推动英国扩张的分散力量和真正世界"体系"形成(仅靠一个政府的力量可能永远无法实现)之间的反差。阿龙·弗里德伯格(Aaron L. Friedberg)的《疲倦的巨人:1895—1905年不列颠和相对衰落的经验》(*The Weary Titan* : *Britain and the Experience of Relative Decline*)解释了大英帝国在维多利亚时代达到巅峰后迅速衰落的原因。皮特·凯恩(Peter Cain)和安东尼·霍普金斯(A. G. Hopkins)合著的《英帝国主义》(*British Imperialism*)将衰落开始的时间推迟到两战之间;更有甚者,吉拉赫(J. A. Gallagher)在《大英帝国的衰落、复兴与灭亡》(*The Decline*, *Re-*

vival and Fall of the British Empire）中认为英国的衰落起始于第二次世界大战之后。关于贸易政策的问题，参见保罗·贝洛赫（Paul Bairoch）的《欧洲十九世纪的对外贸易与经济发展》（*Commerce extérieur et développement économique de l'Europe au XIXᵉ siècle*）或者《经济史的神话和悖论》（*Mythes et paradoxes de l'histoire économique*）。关于金融问题，可参见赫伯特·费斯（Herbert Feis）的《欧洲：世界的银行家 1870—1914》（*Europe, the World's Banker 1870—1914*）。阿莱克·凯恩克劳斯（Alec Cairncross）的《1870—1913 年的国内外投资：资本积累研究》（*Home and Foreign Investment 1870—1913, Studies in Capital Accumulation*）及迈克尔·埃德尔斯坦（Michael Edelstein）的《强盛帝国主义时代的海外投资》（*Overseas Investment in the Age of High Imperialism*）则集中研究了"全球失衡"问题，当时资本和商品的出口遵循着一种与近代截然不同的逻辑。至于十九世纪的"新兴"国家，我们列出的参考文献不多：龙多·卡梅伦（Rondo Cameron）的《法国与欧洲经济的发展 1800—1914》（*La France et le développement économique de l'Europe 1800—1914*）；哈罗德·詹姆斯（Harold James）的《德意志身份：1770—1990》（*A German Identity 1770—1990*）以及加里·赫立格尔（Gary Herrigel）的《工业建构：德国工业实力的源泉》（*Industrial Constructions: The Sources of German Industrial Power*）；理查德·本塞尔（*Richard Bensel*）的《美国工业化的政治经济学 1877—1900》（*The Political Economy of the American Industrialization 1877—1900*）。最后，巴里·艾肯格林（Barry Eichengreen）的《资本全球化：一部国际货币体系史》（*Globalizing Capital, a History of the International Monetary System*）从历史长镜的视角展现了国际货

币体系的演变：艾肯格林是该领域的权威，但其观点与本书迥然不同。

如果对两次世界大战之间的经济、货币问题感兴趣，显然从一战后温斯顿·丘吉尔（Winston Churchill）实行的金本位复位政策出发很有意思。凯恩斯（J. M. Keynes）在《丘吉尔先生政策的经济后果》（*Les Conséquences économiques de M. Churchill*）中对其进行了严厉的批评。德里克·阿尔德克罗夫特（Derek Aldcroft）研究了一战后混乱的发展轨迹，参见《从凡尔赛到华尔街 1919—1920》（*From Versailles to Wall Street 1919—1920*）。查尔斯·金德尔伯格（Charles Kindleberger）所著的《萧条中的世界：1929—1939》（*The World in Depression 1929—1939*）是对大萧条最好的概括之一，需要注意的是它比其他许多著作更强调国际体系（尤其是贸易、货币和领导权）的解体。我们可以通过哈罗德·詹姆斯（Harold James）的《全球化的终结：来自大萧条的教训》（*The End of Globalization, Lessons from the Great Depression*）更详细地研究第一次全球化的终结；也可参见一些更具技术性的报告，例如艾肯格林（Eichengreen）的《黄金镣铐：金本位和大萧条》（*Golden Fetters, The Gold Standard and the Great Depression*），或者本杰明·罗兰（Benjamin Rowland）的《权力或霸权的平衡：两战之间的货币体系》（*Balance of Power or Hegemony: the Interwar Monetary System*）。阿莱克·凯恩克劳斯和巴里·艾肯格林合著的《下跌的英镑：1931、1949 和 1967 年的贬值》（*Sterling in Decline, the Devaluations of 1931, 1949 and 1967*）主要探讨了英镑的最终衰落。同一时期，巴里·艾肯格林和马克·弗朗德罗（Marc Flandreau）提出了美元取代英镑成为主要储备货币的问题，参见《美元的沉浮：美元何时取代英镑成为主要国际货币?》(*The Rise and Fall of the Dollar or when Did the Dollar Replace the Sterling as the Leading International Currency*)。

　　至于第二次世界大战后的货币体系,我们可以从阅读米歇尔·阿格利埃塔(Michel Aglietta)和桑德拉·莫阿迪(Sandra Moatti)的《国际货币基金组织:从货币秩序到金融无序》(*Le FMI: de l'ordre monétaire aux désordres financiers*),或者巴里·艾肯格林的《嚣张的特权:美元的兴衰和货币的未来》(*Exorbitant Privilege, the Rise and Fall of the Dollar and the Future of the International Monetary System*)开始;后者对近六十年的货币历史进行了全面的概括,但他的阐释和本文的观点不尽相同(文中也有例证)。如果要在该领域做更深入的研究,回到凯恩斯总是引人入胜的;凯恩斯作品全集第二十五卷《国际清算同盟》(*The International Clearing Union*)阐述了他重建货币体系的提议;第二十六卷《重塑战后的世界:布雷顿森林体系和赔款》(*Shaping the Post-War World, Bretton-Woods and Reparations*)解读了布雷顿森林之前的争论。关于战后重建,法国经济与金融史研究会(Comité pour l'histoire économique et financière de la France)编撰的精美丛书非常值得一读,尤其是以下两本:一本是会议文集《马歇尔计划和欧洲经济复兴》(*Le Plan Marshall et le relèvement économique de l'Europe*);另一本是热拉尔·博叙阿(Gérard Bossuat)的博士论文《法国、美国援助与欧洲构建1944—1954》(*La France, l'aide américaine et la construction européenne 1944—1954*)。如果要对1944年达成的各项协议做一个总结,可以参照蒂埃里·瓦尔拉方(Thierry Walrafen)主编的巨著《纪念布雷顿森林体系五十年文集》(*Bretton Woods, mélanges pour un cinquantenaire*),或者彼得·凯南(Peter Kenen)编撰的《管理世界经济：布雷顿森林体系五十年》(*Managing the World Economy, Fifty Years after Breton Woods*)，以及迈克尔·波多(Michael Bordo)和巴里·艾肯格林合著的《回顾布雷顿森林体系》(*A Retrospective on the Bretton Woods System*)。《国际金融体系的失稳》(*L'Instabilité du système financier international*)和《国际金融的建构》(*L'Architecture financière internationale*)在 1990年代末成为法国经济分析委员会(Conseil d'analyse économique)报告的主题。如果有兴趣研究欧元，我们推荐一本最新的教科书——保罗·德·格劳威(Paul de Grauwe)的《货币联盟经济学》(*Economics of the Monetary Union*)；而理查德·鲍德温(Richard Baldwin)和查尔斯·维普洛斯(Charles Wyplosz)合著的《欧洲一体化经济学》(*Economics of European Integration*)也是很好的参考文献。《财经研究》(*La Revue d'économie financière*)出版了两期特刊，分别是《欧洲货币联盟》(*L'Union monétaire européenne*)和《罗马条约五十周年》(50 *ans après le traité de Rome*)。安德鲁·马丁(Andrew Martin)和乔治·罗斯(George Ross)合著的《欧元和欧洲人：货币一体化与欧洲社会模式》(*Euros and Europeans, Monetary Integration and the European Model of Society*)在货币一体化和欧洲社会模式之间搭建了桥梁。在美国金融危机之后，欧洲主权债务危机前夕，让·皮萨尼-费里(Jean Pisani-Ferry)和亚当·博森(Adam Posen)在《欧元诞生十周年》(*The Euro at Ten*)中肯定了欧元的成功，但只是"区域性"的成功。

关于中国崛起的参考书目非常丰富，要保持更新并非易事！在近期的法语著作中，首先要提到的是米歇尔·阿格利埃塔(Michel Aglietta)和郭白的《中国道路：资本主义与帝国》(*La Voie chinoise: Capitalisme et Empire*)，再加上世界经济合作与发展组织(OECD)的报告《中国经济研究：2013》(*Étude économique de la Chine 2013*)以及法国经济分析委员会的报告《中国的崛起：经济影响及经济政策的效果》(*L'Émergence de la Chine, impact économique et implications de politique économique*)。值得一提的还有安格斯·麦迪森在世界经合组织出版的经济通史《中国经济的长期表现：公元 960—2030 年》(*L'Économie chinoise, 960—2030*)。如果想更深入地了解中国再次加入全球化的来龙去脉，亨利·基辛格(Henry Kissinger)的《论中国》(*De la Chine*)是一部不可不看的精彩之作。让·吕克·德莫纳什①(Jean-Luc Domenach)的《中国令我担忧》(*La Chine m'inquiète*)和弗朗索瓦·顾德明(François Godement)的《从毛泽东到资本主义：中国想要什么?》(*Que veut la Chine? De Mao au capitalisme*)对中国的政治生活和权力运动进行了详细的分析。法国国际预测研究中心(CEPII)组织了一系列的专题研究，其中《中国的十大问题》(*Dix Grandes Questions sur la Chine*)引起了发人深思的反响。由杜尔格智库(le cercle Turgot)编撰的合集《中美合一》(*Chinamérique*)研究了中美两大强国的相互依存，而弗朗索瓦·朗格莱的《帝国之战：中美对抗》(*La Guerre des empires, Chine contre États-Unis*)则重点探讨了两国之间潜在的冲突。钱法仁(André Chieng)与弗朗索瓦·于连(François Julien)合著的《中国人的经济智慧》(*La Pratique de la Chine*)是对中国文化深入浅出的入门介绍。作为补充，我们推荐一本关于中国经济转型的教科书——巴里·诺顿(Barry Naughton)的《中国经济：转型与增长》(*The Chinese Economy, Transitions and Growth*)。世界银行也是非常重要的资料

---

① 法国著名的中国研究专家和政治学家，中文名字是杜明。(译者注)

来源,比如《2030 年的中国:建设现代、和谐、有创造力的高收入社会》(*China 2030*, *Building a Modern*, *Harmonious and Creative High-Income Society*)。关于中国经济的中文文献更是举不胜举,比如林毅夫的《解密中国经济》(*Demystifying the Chinese E-conomy*)总结了历史的经验教训,而胡鞍钢的《中国 2020:一个新型超级大国》(*China in 2020*, *a New Type of Superpower*)旨在寻找能让中国的崛起对世界经济的积极影响最大化的战略方针。最后,我们再补充弗雷德·伯格斯坦(Fred Bergsten)等合著的《中国的崛起》(*China's Rise*)。尼古拉斯·拉迪(Nicholas R. Lardy)在《全球金融危机后中国的可持续经济增长》(*Sustaining China's Economic Growth after the Global Financial Crisis*)中分析了中国应对国际金融危机的策略。尼古拉斯·拉迪在《中国融入全球经济》(*Integrating China into the Global Economy*)中解析了中国加入世贸这一创举;美国贸易代表办公室(USTR)每年公布一份《中国履行 WTO 承诺情况报告》(*China's WTO Com-pliance*)。中国"社会主义市场经济"引起了许多质疑;斯科特·肯尼迪(Scott Kennedy)的《超越天朝上国:从比较视角看中国的资本主义转型》(*Beyond the Middle Kingdom*, *Comparative Per-spectives on China's Capitalist Transformation*),卡尔·沃特(Carl Walter)和弗雷泽·豪伊(Fraser Howie)合著的《红色资本:中国的非凡崛起与脆弱的金融基础》(*Red Capitalism*, *the Frag-ile Financial Foundations of China's Extraordinary Rise*)提供了一些答案。肯尼思·科伯索尔[①](Kenneth Lieberthal)在《应对中国挑战:企业如何在中国获得成功》(*Managing the China*

---

① 中文名字是李侃如。(译者注)

Challenge，How to Achieve Corporate Success in the People's Republic）中运用对中国百科全书式的渊博学识来理解中国微观政治经济的独特之处。李侃如的《治理中国：从革命到改革》（Governing China，from Revolution to Reform）是对中国政治生活的启蒙教材；李成主编的《中国变迁的政治图景：民主的前景》（China's Changing Political Landscape，Prospects for Democracy）提供了当下政治辩论的精彩实例（民主、压力集团、腐败、媒体、互联网、法治国家……）。《财经研究》在两期特刊中讨论了中国的金融转型——《中国金融的未来》（Le Devenir financier de la Chine）及《中国金融：全球化的关键》（Finance chinoise，les enjeux de la modernisation）。关于人民币的汇率问题，参照莫里斯·戈尔茨坦（Morris Goldstein）和尼古拉斯·拉迪的《中国汇率政策的未来》（The Future of China's Exchange Rate Policy）；阿莉西亚·加西亚-埃雷罗（Alicia Garcia-Herrero）是中国对外货币和金融关系领域的专家，可以参阅她向国际结算银行递交的报告《中国的汇率政策和亚洲贸易》（China's Exchange Rate Policy and Asian Trade）。霍格尔·克林格（Holger Klinger）的《中国的汇率政策：人民币作为政权的工具》（Exchange Rate Policy in China，the Renminbi as an Instrument of Power Politics）透过增长和实力的双棱镜研究汇率制度问题，并解释了中国政府希望维持固定汇率的原因。在人民币国际化方面，可参阅帕拉·苏巴奇（Paola Subbachi）的《中国人民币战略的链接点：伦敦和香港》（The Connecting Dots of the Renminbi Strategy，London and Hong Kong）。在中国对外政策方面，谢淑丽（Susan Shirk）的《中国：脆弱的超级大国》（China Fragile Superpower）和沈大伟（David Shambaugh）的《中国走向全球：不完全的大国》（China Goes

Global，a Partial Power）让我们受益匪浅。中国的崛起及其世界
领导力的上升让许多成功的作品问世，尤其是马丁·雅克（Martin
Jacques）的《当中国统治世界》（*When China Rules the World*），罗
伯特·罗斯（R.·Ross）和朱峰合编的《中国的上升：实力、安全与
国际政治的未来》（*China's Ascent ：Power，Security and Interna-
tional Politics*），以及阿文德·萨勃拉曼尼亚（Arvind Subramani-
an）的新作《黯然失色：生活在中国经济主导地位的阴影下》（*E-
clipse ：Living in the Shadow of China's Economic Dominance*）。

　　第七章所借鉴的国际政治经济学是一门起源于美国的新兴学
科。但我们最好从阅读二十世纪七八十年代的作品开始，当时的
作品既受马克思的启发，又被费尔南·布罗代尔（Fernand Brau-
del）影响，将世界经济看作一个异质的系统，这个系统建立在中心
和外围的不平等之上，被一切事物的商品化（全球化之前的概念）
推进。我们可以参考伊曼纽尔·沃勒斯坦（Immanuel Waller-
stein）的《历史资本主义》（*Le Capitalisme historique*）或者《理解
世界——对世界系统分析的导论》（*Comprendre le monde，intro-
duction à l'analyse des sytèmes-monde*）。沃勒斯坦的研究在发展
对战后自由秩序的批判观点方面做出了杰出的贡献，它预言了去
殖民化之后南北紧张局势的加剧。他的理论当然带有时代的印
记，在那个时代，还没有出现苏联共产主义的垮台、金砖四国尤其
是中国的崛起。国际政治经济学作为学科的兴起首先反映了美国
在 1965—1980 年间经历的磨难；其次，它体现了十九世纪竞争性
资本主义向二战后制度资本主义的转变；"制度化"进程使各个国
家设立了调节机制（这是法国调节学派的主要研究对象），催生了
全球背景下的国际治理。克里斯蒂昂·萨瓦纽（Christian Chava-
gneux）的《国际政治经济学》（*Économie politique internationale*）

是一部很好的入门教材。二十世纪八十年代初,一些将权力、相互依赖及合作结合起来的研究层出不穷,比如罗伯特·基欧汉(Robert Keohane)和约瑟夫·奈(Joseph Nye)合著的《权力与相互依赖》(*Power and Interdependence*,*World Politics in Transition*)、罗伯特·吉尔平(Robert Gilpin)的《世界政治中的战争与变革》(*War and Change in World Politics*)、罗伯特·基欧汉的《霸权之后:世界政治经济中的合作与纷争》(*After Hegemony*,*Cooperation and Discord in the World Political Economy*)以及戴维·卡莱欧(David Calleo)的《专横的经济》(*The Imperious Economy*)。第二次思潮出现在二十一世纪初,作品大多从苏联解体和中国的崛起中总结经验教训,比如罗伯特·吉尔平的《全球资本主义的挑战:二十一世纪的世界经济》(*The Challenge of Global Capitalism in the 21th Century*)、约瑟夫·格里科(Joseph Grieco)与约翰·伊肯伯里(John Ikenberry)合著的《国家权力与世界市场》(*State Power and World Markets*)以及约翰·米尔斯海默(John Mearsheimer)的《大国政治的悲剧》(*The Tragedy of Great Power Politics*)。今天的研究站在这些巨人的肩膀之上,在此推荐安尼-玛丽·斯劳特(Anne-Marie Slaughter)的《世界新秩序》(*A New World Order*)(其观点与本书截然不同)、查尔斯·库普钱(Charles Kupchan)的《没有主宰者的世界:即将到来的全球大转折》(*No One's World*,*The West*,*the Rising Rest and the Coming Global Turn*)或者约翰·伊肯伯里(John Ikenberry)的《自由主义利维坦:美利坚世界秩序的起源、危机和转型》(*Liberal Leviathan*,*the Origins*,*Crisis and Transformation of the American World Order*),除了结论,该书的分析部分与本书最为接近。

　　在全球治理领域,首先要提到的是法国经济分析委员会的报

告《全球治理》(*Gouvernance mondiale*)，让-克里斯托夫·格拉兹
(Jean-Christophe Graz)的《全球化的治理》(*La Gouvernance de la
mondialisation*)，雅克·米斯特拉尔(Jacques Mistral)的《G20与
全球经济的新治理》(*Le G20 et la nouvelle gouvernance
économique mondiale*)，以及克马尔·德尔维什(Kemal Dervis)的
《更好的全球化：合法性、治理与改革》(*A Better Globalization*，
Legitimacy，*Governance and Reform*)。由联合国开发计划署
(PNUD)支持出版、英吉·考尔(Inge Kaul)等合著的《全球化之
道：全球公共产品的提供与管理》(*Providing Global Public
Goods*，*Managing Globalization*)对全球公共产品问题进行了非
常全面的研究。如果对G20集团感兴趣，可参阅科林·布拉德福
德(Colin Bradford)和约翰内斯·林恩(Johannes Linn)的《全球治
理改革》(*Global Governance Reform*)、阿兰·亚历山德罗夫(Al-
an Alexandroff)和安德鲁·库珀(Andrew Cooper)合编的《崛起
的国家与机构：全球治理的挑战》(*Rising States and Rising Insti-
tutions*，*Challenges for Global Governance*)以及科林·布拉德福
德和林源赫(Wonhyuk Lim)的《转型中的全球领导权：让G20更
加积极有效》(*Global Leadership in Transition*，*Making the G20
More Effective and Responsive*)。我们引入了"明智的整体利
益"这个概念以探讨国家利益和国际合作之间的张力，这也是布鲁
斯·斯科特(Bruce Scott)等在《权力与责任》(*Power and Respon-
sibility*)一书中突显的重点。最后，关于国际货币体系改革，我们
可以参考法国经济分析委员会最近在《财经研究》特刊中发表的题
为《全球金融治理》(*La Gouvernance financière mondiale*)的报
告。没有必要再强调众人皆知的斯蒂格利茨报告——《后危机时
代的国际货币与金融体系改革》(*Pour une vraie réforme du

système monétaire et financier international），而由埃德温·特鲁曼（Edwin Truman）编订的合集《二十一世纪国际货币基金组织改革》（*Reforming the IMF for the 21st Century*）也同样十分全面。

本书参考的主要机构及智库

国际清算银行、布鲁金斯学会、布鲁盖尔国际经济研究所、欧洲政策研究中心、巴黎政治学院亚太中心、法国国际预测研究中心、英国皇家国际事务研究所、北京大学中国经济研究中心、美国对外关系委员会、欧洲对外关系委员会、哈佛大学费正清中国研究中心、法国当代中国研究中心、法国国际关系研究所、国际货币基金组织、纽约时报、世界经济合作与发展组织、彼得森国际经济研究所、南加州大学美中学院、世界银行。

编年表 三次全球化的一百五十个重要时刻

1405 年 郑和首次下西洋,远航印度洋,抵达非洲东岸(从亚丁至莫桑比克)。

1492 年 哥伦布横渡大西洋,发现美洲大陆。

1497 年 瓦斯科·达·伽马绕过好望角。

1533 年 阿塔沃尔帕(被西班牙囚禁的印加帝国末代国王)的赎金相当于整个欧洲半个世纪的贵金属产量。

1553 年 葡萄牙人在澳门登陆,取得永久居住权。

1584 年 荷兰成为世界第一大贸易国,随后成为第一大金融强国。

1620 年 "五月花号"抵达美国。

1648 年 签订《威斯特伐利亚条约》——欧洲国际体系的根基。

1651 年 英国颁布《航海条例》,是英式重商主义的体现。

1664 年 科尔贝担任路易十四的财政大臣,扶持法国制造业,被誉为法国重商主义之父。

1694 年 英格兰银行成立。

1733 年 飞梭的发明使纺织业发生了革命性的变化,也标志着工业革命的开端。

1790 年 英国皇家海军取得了无可争议的世界霸主地位。

1792 年 英国使臣马戛尔尼访华,打开中国市场的计划失败。

1806 年 法国颁布旨在摧毁英国的大陆封锁政策。

1815 年　　维也纳会议后，英国在与法国的竞争中胜出。

1819 年　　"萨凡纳号"——第一艘利用船帆和蒸汽机横渡大西洋的轮船出
　　　　　　航，标志着海洋革命的开始。

1823 年　　门罗主义在一个世纪内将美国打造成"区域强国"。

1834 年　　德意志关税同盟建立。

1841 年　　弗里德里希·李斯特发表著作《政治经济学的国民体系》。

1842 年　　鸦片战争开始，中英签订《南京条约》。

1849 年　　英国废除《航海条例》，倡导自由贸易。

1853 年　　美国海军准将佩里来到东京，日本首次打开国门。

1859 年　　美国在宾夕法尼亚州发现石油。

1860 年　　英法签订《柯布敦-舍瓦利埃条约》，自由贸易进一步扩大。

1864 年　　美国南北战争结束，美利坚合众国根据北方工业主义原则建立。

1864 年　　清政府借助外国势力镇压太平天国运动。

1866 年　　第一封横跨大西洋的电报诞生。

1868 年　　明治维新开始，日本走上现代化道路。

1870 年　　英国采用金本位制，各国纷纷效仿。

1870 年　　德意志帝国建立，普法战争中法国战败，赔款 50 亿法郎（以黄金标
　　　　　　价）。

1870 年　　美国的工业产值超过英国。

1879 年　　德国重回温和保护主义关税水平。

1890 年　　巴林银行破产，法兰西银行和英格兰银行进行援助。

1892 年　　法国推行《梅里纳关税法案》。

1896 年　　麦金莱在一场具有强烈贸易保护主义色彩的竞选中当选美国
　　　　　　总统。

1899 年　　德兰士瓦共和国发现金矿，引发布尔战争；最后的"淘金热"（科隆
　　　　　　戴克）。

1908 年　　第一辆福特 T 型车诞生。

1912 年　　清王朝被推翻，中华民国建立。

1912 年　　"皇太子"号战舰（10 座口径 305 毫米的大炮）诞生，这是自 1890 年
　　　　　　以来德国建造的第 36 艘战列舰。

1913 年　　美国央行——美联储诞生。

1919 年　签订《凡尔赛条约》。

1922 年　签订《热那亚协定》,试图恢复货币与黄金的可兑换性。

1923 年　德国的超级通货膨胀达到顶峰。

1925 年　温斯顿·丘吉尔(时任英国财政大臣)宣布英镑重回战前的黄金
平价。

1928 年　在雷蒙德·庞加莱的主导下,法郎贬值。

1929 年　10 月 24 日,纽约证券交易所股市崩盘。

1930 年　颁布《斯姆特-霍利关税法》,贸易保护主义逐渐扩张。

1931 年　维也纳的安斯塔特信贷银行倒闭。

1931 年　英镑贬值,金本位时代终结。

1933 年　罗斯福总统上任,实施"新政",进行金融改革。

1934 年　美元贬值。

1936 年　法郎贬值。

1936 年　约翰·梅纳德·凯恩斯发表著作《就业、利息和货币通论》。

1941 年　凯恩斯主张战后建立"国际清算联盟"。

1942 年　《贝弗里奇报告》提倡战后建立社会保障体系。

1944 年　布雷顿森林协定签订,国际货币基金组织和世界银行建立,规定一
盎司黄金价值 35 美元。

1947 年　"马歇尔计划"实施。

1947 年　"特里芬困境"理论发表。

1948 年　《关税及贸易总协定》生效。

1949 年　中华人民共和国成立。

1952 年　欧洲煤钢共同体建立。

1955 年　万隆会议召开,"第三世界国家"成为世界体系的新角色。

1956 年　苏伊士运河战争爆发,英法帝国主义走向末日。

1957 年　签署《罗马条约》。

1958 年　中国开展"大跃进"运动,引发"大饥荒"。

1960 年　1 美元=4.2 德国马克。

1963 年　《爱丽舍条约》象征法德两国的全面和解。

1963 年　第一笔欧洲债券在伦敦发行。

1963 年　米尔顿·弗里德曼发表著作《美国货币史》。

1966 年 "无产阶级文化大革命"在中国爆发,宣布"破四旧"。

1967 年 英镑贬值。

1967 年 "肯尼迪回合"谈判削减关税 40%。

1968 年 黄金市场极度紧张,市场金价自由浮动。

1970 年 《维尔纳报告》发表——迈向欧洲货币联盟的第一步。

1971 年 美国单边宣布停止美元兑换黄金。

1973 年 创立浮动汇率机制和欧洲货币蛇形浮动体系。

1973 年 1 美元=2.50 德国马克,第一次石油危机爆发。

1974 年 德国央行制定 M3(一国货币供应总量)的增长目标,是货币主义的
首次运用。

1975 年 G7 财长召开首次会议。

1978 年 邓小平同志提出实现"四个现代化"的战略目标。

1979 年 欧洲货币体系成立。

1979 年 美联储主席保罗·沃尔克将抑制通货膨胀作为货币政策的优先
目标。

1979 年 玛格丽特·撒切尔就任英国首相。

1981 年 IBM 公司推出首台个人电脑。

1981 年 罗纳德·里根当选美国总统。

1983 年 法郎在两年内第三次贬值。

1985 年 1 美元=3.50 德国马克,美国发生储贷危机(1989 年达到顶峰)。

1986 年 签署《单一欧洲法案》,英国经历以金融自由化为特征的第一次"大
爆炸"。

1987 年 艾伦·格林斯潘出任美联储主席。

1989 年 "布雷迪计划"重整发展中国家的债务问题。

1989 年 柏林墙倒塌。

1991 年 苏联解体。

1991 年 德国"无限"援助,以维持法郎在欧洲货币体系的地位。

1992 年 英镑退出欧洲货币体系。

1992 年 邓小平"南巡"抵达深圳,为改革注入新的动力。

1994 年 签署《马拉喀什协定》,世界贸易组织成立。

1998 年 1 美元=1.5 德国马克;拯救对冲基金——长期资本管理公司。

1999 年　欧洲央行成立,欧元诞生,1 欧元＝1.19 美元。

1999 年　1933 年的《格拉斯－斯蒂格尔法案》被《格雷姆－里奇－比利雷法》取缔。

2000 年　互联网泡沫达到顶峰。

2001 年　希腊加入欧元区。

2001 年　1 欧元＝0.86 美元。

2001 年　美国遭受恐怖袭击;安然公司、美国世界通信公司破产。

2002 年　欧元纸币与硬币发行并正式进入流通。

2003 年　乔治·布什发动伊拉克战争。

2003 年　胡锦涛就任中国国家主席,中国领导人"十年一更"的任期制度化。

2004 年　欧盟成员国由十五增至二十五。

2006 年　本·伯南克继任艾伦·格林斯潘,成为美联储主席。

2007 年　中国成功测试反卫星导弹。

2007 年　1 欧元＝1.65 美元。

2008 年　美联储三月紧急出手援助贝尔斯登,雷曼兄弟九月破产。

2009 年　贝拉克·奥巴马就任美国总统,美国经济走向"大衰退"。

2009 年　G20 峰会首次召开。

2009 年　"金砖四国"首次峰会在俄罗斯叶卡捷琳堡召开。

2009 年　中国人民银行行长主张用特别提款权支撑更优的货币秩序。

2010 年　开始大规模开发"非常规"石油和天然气资源。

2010 年　欧洲爆发主权债务危机。

2010 年　开启跨太平洋伙伴关系谈判。

2011 年　爱沙尼亚成为第十七个欧元区国家。

2011 年　美国丧失 3A 主权信用评级,面临违约风险。

2011 年　美国提出重返太平洋计划;东亚是关键。

2011 年　马里奥·德拉吉继让-克罗德·特里谢任担任欧洲央行行长。

2012 年　"辽宁号"投入使用,其前身为苏联海军的库兹涅佐夫元帅级航空母舰,由中国海军购买并维修。

2012 年　美国国务卿提倡以合作的方式解决亚洲领海争端。

2012 年　"四位主席"(欧洲理事会、欧盟委员、欧元集团和欧洲央行)递交报告,旨在建立"真正的欧洲货币联盟"。

2012 年　日本推行"安倍计划";日元大幅贬值。

2013 年　日本首相专设钓鱼岛护卫队。

2013 年　英国首相正式提出就脱欧问题进行全民公投。

2013 年　欧元汇率持续五年稳定在 1.32 美元左右。

2013 年　中国国家领导人换届,习近平当选国家主席。

2013 年　开启《跨大西洋贸易与投资伙伴协定》谈判。

2013 年　"网络安全"成为加利福尼亚习奥峰会的主要内容。

2013 年　本·伯南克实行削减购债计划,提出逐步退出"量化宽松"政策。

2013 年　多哈回合实现了多边贸易谈判"零"的突破。

致　谢

　　交付手稿之时，我第一个想到的是安东尼·罗雷（Anthony Rowley）。在我的《第三次美国革命》完稿之后，他建议我开始这段崭新的冒险之旅。我们相识于上世纪八十年代，那时我俩都在巴黎政治学院任教。在每周的讨论会开始之前，我俩趁此机会海阔天空地聊上一阵。他是一位鼎鼎有名的历史学家，首屈一指的知识分子，也是一位独一无二的编辑；他善于启发、富于创造、要求严格。我对他的离去感到无比悲恸。

　　我还要感谢他的老友奥利维埃·帕斯特雷（Olivier Pastré）。在上世纪八十年代初，我们因在巴黎第十三大学的共同经历成为同事和挚友。他经常鼓励我、引导我，他的建议对我十分宝贵。

　　感谢法国经济学家联盟所有的同事和朋友，尤其是让-埃尔韦·洛朗兹主席（Jean-Hervé Lorenzi），他多年来在巴黎和艾克斯（普罗旺斯地区）营造了可持续的、友好的学术氛围。我很高兴这本书能由法亚尔（Fayard）出版，在此感谢奥利维埃·诺拉（Olivier Nora）的接待，感谢索菲·居科娅妮（Sophie Kucoyanis）、玛丽-洛尔·德弗尔坦（Marie-Laure Defretin）高效而友好的合作。

　　我撰写这本书的时间较长,在书中还能看到我在国立统计与经济管理大学任教期间对十九世纪所做的历史和计量经济学研究的痕迹。后来,我享有得天独厚的工作条件,尤其在法国国际关系研究所,我的同事既博学又友善,使我受益匪浅。在此,我首先要感谢凯末尔·德尔维什(Kemal Dervis)(现任布鲁金斯学会副主席,全球经济与发展中心主任),他盛情邀请我加盟全球经济研究,并在华盛顿为我提供了优越的工作条件。同样,我也要感谢卡尔·凯撒(Karl Kaiser)、杰弗里·弗里登(Jeffry Frieden)和迪克·库伯(Dick Coopers)。他们邀请我在哈佛大学魏德海国际事务中心从事了一个学期的教学科研工作。这一切得到了皮埃尔·凯勒(Pierre Keller)在肯尼迪政治学院所创基金的慷慨资助。

　　我利用许多会议的机会检验本书的观点。举办这些会议的机构有哈佛大学欧洲研究中心、普林斯顿大学伍德罗·威尔逊公共与国际事务学院、蒙特利尔组织分析跨大学研究中心、魏德海中心、罗马的意大利阿斯本研究所、贝塔斯曼基金会、柏林的博世和欧洲智库根基根基金会、迪奇雷基金会、伦敦的查塔姆研究所、马德里的布鲁金斯学会、迪拜和阿布扎比的世界经济论坛。我还应华盛顿法语联盟的邀请到明尼阿波利斯、休斯顿、亚特兰大和纽约就本书的主题做了系列讲座。听众的疑问与好奇也是我进步的源泉。

　　本书很大一部分观点来源于我四年来对中国的八次访问。在此,我首先要感谢中国驻法大使——法兰西之友孔泉先生。在撰写《中国崛起》报告期间,我多次出访北京、上海、广州和香港,对此我要感谢法国外交部的经济分析委员会和分析预测中心。我还要感谢法国国库司,它经常组织与金融顾问的会谈,并邀请我参加G20主席国法国在南京举办的国际货币体系改革研讨会。感谢和我交流讨论过的官员、专家和中国同事,在此无法一一列举。我还要感谢贝特朗·巴龙(Bertrand Bellon)与陈传明教授,因为他们,我应邀成为南京大学的访问教授。

　　我非常高兴本书的中译本能顺利出版,在此感谢法国法亚尔(Fayard)出版社和中国华东师范大学出版社的辛勤工作;感谢王晶女士认真细致的翻译;衷心感谢吴建民大使欣然接受为本书作序,将本书引荐给中国的读者。

图书在版编目(CIP)数据

货币的战争与和平 /(法)米斯特拉尔著；王晶译.
－上海:华东师范大学出版社,2016.6
ISBN 978-7-5675-4939-5

Ⅰ.①货… Ⅱ.①米… ②王… Ⅲ.①货币—研究
Ⅳ.①F82

中国版本图书馆 CIP 数据核字(2016)第 056622 号

华东师范大学出版社六点分社
企划人 倪为国

货币的战争与和平

著　　者　(法)雅克·米斯特拉尔
译　　者　王　晶
责任编辑　高建红
封面设计　何　旸

出版发行　华东师范大学出版社
社　　址　上海市中山北路 3663 号　邮编　200062
网　　址　www.ecnupress.com.cn
电　　话　021‐60821666　行政传真　021‐62572105
客服电话　021‐62865537
门市(邮购)电话　021‐62869887
地　　址　上海市中山北路 3663 号华东师范大学校内先锋路口
网　　店　http://hdsdcbs.tmall.com

印 刷 者　上海盛隆印务有限公司
开　　本　890×1240　1/32
印　　张　7.5
字　　数　148 千字
版　　次　2016 年 6 月第 1 版
印　　次　2016 年 6 月第 1 次
书　　号　ISBN 978-7-5675-4939-5/F·357
定　　价　45.00 元

出 版 人　王　焰

（如发现本版图书有印订质量问题,请寄回本社客服中心调换或电话 021‐62865537 联系）